글나무 시선 26

교감(交感)

글나무 시선 26
교감

저　자 | 이종현
발행자 | 오혜정
펴낸곳 | 글나무
주　소 | 서울시 은평구 진관3로 32, B동 516호(파크앤타워)
전　화 | 02)2272-6006
e-mail | wordtree@hanmail.net
등　록 | 1988년 9월 9일(제301-1988-095)

2025년 11월 20일 초판 인쇄·발행

ISBN　979-11-93913-27-7　03810

값 14,000원

ⓒ 2025, 이종현

저자와 협의하여 인지를 생략합니다.
이 책의 내용을 재사용하려면 저작권자와 출판사 글나무의 허락을 받아야 합니다.

교감(交感)

이종현 제2시집

| 서문

만나지 못한 우주 저쪽의 편지

이 근 배 (시인, 대한민국예술원 회원)

　인류는 언어의 다양성, 시와 역사, 전통, 생활양식, 자연 환경에서 차이가 있음에도 시라는 예술 형식만은 하나로 형성되어 있다. 최근 들어 AI가 인간 영역에 깊숙이 침투되면서 시·소설 등의 창작에도 기웃거리고 있으나 아직은 인간의 고도한 지성과 감성, 생활 체험이 없는 공허한 수식어의 나열에 그치고 있다.
　우리나라는 시의 나라이다. 겨레의 원초적 지능과 재능이 뛰어나서 생활을 이루어 왔으며 온 백성이 시로 해가 뜨고 시로 달이 지는 먹고 사는 생활을 이루어 왔으며, 일부터 나라의 경영과 개인의 일상에서도 시가 운영되어 왔다. 오늘에 와서는 밖의 나라들은 시가 저물어 가고 있는데 오직 우리만이 시인의 숫자도 시 낭송가라는 새로운 예술가도 대폭 늘어나고 있으며 시집 출판, 시 행사 등이 놀랍게 번져 나가고 있다. 이런 시의 범람기에 이종현 시인의 두 번째 시집 『교감』을 만나게 되었다. 보다 새롭고 독창적인 시 창작에 눈을 다시 뜨게 되고 매우 신선한 감흥에 시의 진척에 눈을 크게 뜨게 된다.

　김종천 시인이 주간하던 시 전문지 《포스트모던》은 90년대의 한 축에서 창의적이고 진취적인 시 운동을 해왔었다. 서른세 해 전 인하대 금속공학과 출신인 과학도가 거기서 등단했으며 세 해 뒤 첫 시집 『너릿재의 불놀이』를 출간했으니 이종현 시인의 시적 성숙과 인식도가 얼마나 깊어 왔는가를 예측게 한다.

　이 시집은 표제에서부터 시 전체가 '교감'이라는 제목으로 엮여 있다. "서로 접촉하여 따라 움직이는 느낌"이 사전적 설명인데 시인의 감성은 우주적 공간과 사물들과의 긴밀한 소통으로 얻어내는 이미지의 표출이다. "나는 산에 오르다가 / 언뜻 눈맞춤으로 / 고봉산 작살나무, 너무도 작은 작살 / 어어, 저 무딘 창날이 내 눈을 찌르고 / 내 마음을 쓰윽 꿰뚫어 버린다"(「교감·6-작살나무와 눈맞춤」)는 아주 실질적인 체험적 변용이 너무도 선명하게 구현되고 있다.

　우리는 일상에서 참으로 많은 사물들을 만난다. 그것들이 어떤 위해를 가하거나 내가 그 유혹 또는 침략에 흔들리거나 다칠 필요는 없다. 그런가, 그러면 시인은 어디서 시를 만날까. 이종현 시인에게 있어서는 아주 무관한 또는 의미 없는 것들과 끝없는 싸움에서 나를 발견하고 내 존재 의미를 발현시킨다.

> 외손녀가 좀 커서 / 달을 보고 / "엄마, 나를 자꾸 따라와" / 가리킨 손가락 끝은 / 달 너머 세상을 내다보고 있을까.
>
> ―「교감·15-하영이의 손끝, 소통」

돌쟁이 외손녀가 손끝으로 아무거나 눌러대는 것을 보고 시인은 달 너머의 세계까지 생각을 펼친다. 아주 평범한 '교감'이라는 한 단어는 이종현 시인에게 와서 천변만화의 생각을 낳게 한다. 그렇지 달 너머의 세계를 어린 손녀는 볼 수 있겠지, 세상 사람들이여 너무 궁금하지 않은가. 그저 한 살배기 외손녀에게서 아무도 가르쳐주지 않는 우주 밖의 세상을 듣고 배우게 된다.

> 이머니! / 업장 배인 무릎 아래로 / 백제인 후예의 / 피를 줄줄 흘려 / 목탁 소리는 / 잃어버린 왕국의 슬픔 / 흔적도 없어라.
>
> ―「교감·17-백제 관음」

일본 호류지에 안장된 '백제 관음'을 두고 어머니를 부르며 속으로 피 울음을 쏟는다. 시를 다 옮기지 못하니 손끝이 떨린다.

살아온 날들과 내 나라의 어제와 오늘이 모두 한 잎 한 잎의 꽃잎, 또는 한울림 한울림의 종소리가 되어 하늘을 색칠하고 땅을 울리고 아주 새롭게 시 형식을 바꾸어 오래 새겨온 시적 오브제들을 귀가 먹먹하게 울려주고 있다.

차례

서문 / 만나지 못한 우주 저쪽의 편지 : 이근배 — 5

1부 바위에 부드러운 솔잎 하나

서라실 가시내 — 16

독종 — 17

바위에 부드러운 솔잎 하나 — 18

우주가 하혈하는 희한한 풍경 — 20

달님. 생리를 하다 — 22

달빛으로 자라는 여자아이 — 24

한라산에게 새 생명을 — 26

허수아비와 갈매기 — 28

신월동 찔레꽃 — 29

당산철교·3 — 30

당산철교·4 — 31

벽라리민불 — 32

노루귀꽃, 우주를 링크하다 — 34

역사의 밭을 일구며 — 36

자운영 닮은 @ — 38

상생 — 39

정화수 — 40

Water Freshly Drawn at Daybreak — 41

이종현 시집

2부　교감(交感)

　　교감·1 — 44
　　교감·2 — 45
　　교감·3 — 46
　　교감·4 — 50
　　교감·5 — 54
　　교감·6 — 57
　　교감·7 — 59
　　교감·8 — 60
　　교감·9 — 62
　　교감·10 — 64
　　교감·11 — 67
　　교감·12 — 68
　　교감·13 — 70
　　교감·14 — 72
　　교감·15 — 74
　　교감·16 — 76
　　교감·17 — 78

차례

3부 햇빛 한 줌

낙엽의 반작용 — 82

반역 — 84

꽃들의 섹스 — 86

꽃과 쓰레기 — 88

햇빛 한 줌 — 90

내 꿈을 찍는 외계인, 혹은 사진사 — 91

하얀 민들레 — 94

역고드름 — 96

생각, 생강나무의 떨림 — 98

토막 난 바람이 부는 소래포구 — 99

제발 나를 지금 눌러 주세요 — 100

백색 왜성 — 102

동강은 흘러야 한다 — 103

쥐똥나무, 경계를 세웁니다 — 104

소꿉친구·1 — 106

소꿉친구·2 — 108

을지로 3가 — 110

난지도 — 111

이종현 시집

교감(交感)

4부 백만의 소리, 촛불

백만의 소리, 촛불 — 114

춘설 — 117

청소부가 된 시인 — 118

네모 속에 갇힌 몸, 503 — 120

정월대보름달, 광화문 광장에 — 122

촛불, 소녀의 죽음 — 124

이 촛불로 또 어쩌란 말이냐 — 126

꽃샘추위 — 128

오월 데몬스트레이션 — 130

잠깐, 너도 바람꽃 — 132

이런 봄 풍경, 난곡 — 134

황태, 네가 바다를 아느냐? — 136

황사현상 — 138

생의 물음표 — 140

차례

5부 저렇게 작은 꽃이 불을 밝힐 줄이야

이라크의 여자아이, 눈을 부릅뜨고 — 142
천 개의 눈을 떴어요 — 144
저렇게 작은 꽃이 불을 밝힐 줄이야 — 146
예언 — 147
사막지대의 봄 인사 — 148
바그다드에 내린 꽃비 — 150
양심선언 — 152

이종현 시집

교감(交感)

6부 화순역

화순역 — 156

입춘대길 — 158

정월 대보름, 배바우 돌싸움 — 159

객미산 아이들 — 162

정그남터 — 164

상수리나무 — 166

배고픈 날, 물수제비를 뜨며 — 168

군고구마 장수 — 170

보릿고개 — 172

차례

7부 수수꽃다리, 미스김!

수수꽃다리, 미스김! — 174
백제 가시나 — 176
싸이, 세계를 점령하다 — 178
해금강 — 180
황금빛 나비의 여행 — 183
하늘에 금을 그어 댄 여자 — 184
어떤 여자의 돌아누운 등 — 186
아낌없이 주는 나무 — 188
도봉산 — 190
관악산 — 192
우이암 — 194
아버지는 늘 아버지였다 — 195

해설 / 추억과 디지털적 인식의 시적 변용 : 조명제 — 201
후기 / 제2시집, 내 인생을 성찰하는 기회가 되었으면 좋겠다
— 233

1부
바위에 부드러운 솔잎 하나

서라실 가시내

삐비꽃 언덕의 풋사랑
얼레 얼레 깽변* 뚝길로 바람난
서라실* 가시내 서러워서
눈자위 붉은 서쪽 하늘,
불 질러서 하늘은
상구정* 풀물 배인 몸을
밤새 태우고…
서울로 돈 벌러 간 서라실 가시내야
너릿재 하늘 휘저어서
옛사랑 되찾으려는 날갯짓
문득
서울 구로공단 꽃밭 나비가
새천년의 가슴을 흔들어 놓는다.

* 깽변 : '강변'의 방언
* 서라실 : 화순읍 벽라리(행정구역) 2구의 자연부락 명칭
* 상구정 : 상수리나무가 아름드리 두 그루 있었던 마을 옆 동산. 상수리나무에서 그 많던 풍뎅이를 잡았는데 지금은 깡그리 없어졌다.

〈새천년맞이 시문화행사·시화전 99년〉

독종

　가슴팍 넓은 아버지의 논에 벼들이 여섯 아들 손자손녀들처럼 번창하였다.

　곁다리로 살아가는 피 물질경이 개구리밥풀 달개비 벗풀 물옥잠 마름꽃 가래풀 자귀풀 자운영 독새기풀 등이 자존심의 뿌리를 몰래 칠 때, 그리고 소금장수 장구벌레 송장헤엄치개 물방개 물벼룩 나비애벌레 이화명충애벌레 잠자리애벌레 거머리 논우렁 미꾸라지 중대백로 물총새 황로… 허기진 물배를 채우며 공존 공생을 제의해 올 때, 8월 지리한 장마가 끝나자마자 아버지와 아들은 등짝 쓰린 농약통을 메고 느닷없이 농약을 무차별 살포하였다.

　고등학교 등록금을 일 년치나 못내 이불 둘러쓰고 시위하는 아들놈을 속상해 하여 당신 가슴에 내려찍듯이 방바닥에 곡괭이로 사정없이 찍어버린 아버지의 분노가 논물에 일렁거렸다.

　그래도 논에 독기 품은 놈들은 멀쩡하게 살아남았다.

〈월간문학 2000년 3월호〉

바위에 부드러운 솔잎 하나

비바람이 거세게 몰아치는 바위 틈새로 뜬금없이 조그만 솔씨
  바위의 견고한 고독을 뚫고
  통정하던 솔씨는
  몹시 민망스러워
  그만 얼굴을 붉힌다.

"미안해! 조금만 참아"

겉보기에는 바위-관념으로 사는 까닭에 생각이 어느 고분의 석실에 묻힌 채로 수천 년 묵은 왕조의 꿈과 함께 블랙홀의 뜨거운 압력으로 단단하게 굳어져 그래서 쇳덩어리 같은 바위가 조금씩 갈라지기 시작하는데.
  죽을힘을 다해 막아보지만
  점점 틈새는 벌어지고
  악착같이 파고드는 씨앗의 힘
  사과 한 알의 무게로 누르는 우주(神)의 힘
  얼얼한 아랫도리, 더욱 어지럽다.

부드러운 연두 솔잎 하나 돋았다.

〈시향 2002년 봄호〉

우주가 하혈하는 희한한 풍경

느닷없이
우주를 푹 찔러버린
산꽃 꽃봉오리

그때 봄은 미친 듯이
발악하여
악! 비명을 질러댄다.
단단한 우주 공간 속을
푹 찔러
하혈하는 희한한 풍경

그러고도 아무 일 없듯
두리번거리는
끝이 뭉텅한 꽃봉오리
눈꺼풀 움직여
공간을 한번 휘젓고
햇살 받아 연두색인가
아니 붉은 신화처럼

버얼겋게 충혈된 눈망울

불을 내지르고
짐짓 단청을 피우는
산꽃 산하는 절로
물들어간다, 봄빛으로
나뭇가지에 걸리는
붉은 햇살이
다시 저 우주로 향하는 날
핏빛 산꽃은
수다만 떨더라.

〈월간문학 2003년 10월호〉

달님, 생리를 하다
― 큰딸을 위하여

만월
팽팽한 긴장
뚝, 줄이 끊어지는
현(弦)
순간 쉬익
암사슴 뛰쳐나와
하늘을 향해 달리고
우리 딸 열세 살
생리통으로
드러눕는다.
얼비치는 창문 앞
달님은 인자하게
자신의 아랫배를
쓰다듬고는
하혈하는 신월동의 밤
딸아이는
한 뼘이나 키가 자란다.

생리통의 기인 아픔을 안고 이불 속에서 딸아이는 꿈을 키워낸다. 아아, 내게 미래의 아름다운 사랑이 다가올까 몰라. 아름다운 생각을 키우는 데도 아픔의 피를 흘려야 하는가. 달님은 저리도 밝아서 다들 흠모하고, 밤마다 딸은 제 살점을 다 떼어 결국은 하나도 남기지 않는데.

열세 살 아름다운 꿈으로
달님은
생리를 한다.

〈월간문학 2003년 10월호〉

달빛으로 자라는 여자아이
― 작은딸을 위하여

명령 하나
이 유리잔을 통과해 봐!

유리잔 속에 솟은 달나무
드림 이미지는 무럭무럭 자라
우주 밖으로 줄렁줄렁
별들이 일렬로 직렬 하는
동짓날
바오밥나무 꽃잎 날리는 듯 환상의 쇼가
하혈하는 뱃속을 뒤집어 놓는다.

명령 둘
눈 감아!

무섭다.
하늘이 떠오른다 별빛 흐르고
문득 삶에 지친 바람 일렁이는데
어둠의 바다에 막

해일이 일어난 방안에서
어린 여자아이의 비명이
야광 빛으로 터져 나오고 있다.

명령 셋
눈 떠!

반달의 기울임 곧
황금빛으로 쏟아내는
꿈에 취해
비틀거린다, 하루를 마감하는 저녁마다
지친 어머니의 달빛으로
배경에 휘황한 드림꽃 여자
홀로 남아
판타지의 우주를 여행한다.

〈현대문예 2013년 겨울호〉

한라산에게 새 생명을

　병든 아버지의 캠페인*으로 살아가는 한라산
　밤바다를 밝히는 고기잡이 어선들이
　짐승처럼 울부짖는 한라산, 천년 만년 바닷바람에도 끄떡없더니
　물어뜯는 엄마의 넋두리, 나비의 녹슨 알이 슬고
　애벌레가 자라서 야위는 듯
　기진맥진 쓰러질 듯한 네게
　소문난 화순황토를 소포로 보낸다.

　비는 어느새 지렁이가 되어 내 가슴 위를 기어다니고 개미를 비벼 죽이던 딸은 잠이 들었다. 싫어요 싫어요 싫어요를 거푸 외치던 딸의 허파 속에서 자라는 동백은 외로 고개를 꼬고 차마 눈이 부셔 그 꽃내음을 맡을 수 없는데 〈엄마 배고파요〉 〈밥 주세요〉를 외치는 딸*

　별수 없어
　이메일을 보낸다.
　우포늪에서 즐겨찾기 하여

초승달을 첨부한 메일, 백록담엔

가시연꽃이 자라는데

초경 붉은 딸아, 네 웃음을 다오.

*캠페인 : 한라산의 겉흙들이 사람들의 발길과 비바람에 훼손되어 무너져서 산을 보호하기 위해 '한라산에 새 생명을'이라는 캠페인으로 '흙 한봉지씩 갖고 올라가기운동'이 펼쳐지고 있었다.
*양준호 시인의 시 「사마귀와 내가 느끼는 교감」 일부 인용

〈서정시-제주도 2006년〉

허수아비와 갈매기

소금기가 다 빠진
백령도에선
허수아비*로 살아갈까.

떠날 사람 다 떠나고
오도 가도 못하는 허수아비
갈매기는 부리부리 쪼아댄다.
쪼아대는 건 제 몸뚱아리
깜짝 놀라 도망치려 하는데

세상살이 파도 일렁이는 가을 들판에
보이는 것은 갈매기 울음소리
이젠 놓아주세요.
슬픈 생각이 들어 날려 보낸다.

* 백령도에선 갈매기로 만든 허수아비를 세운다. 워낙 갈매기들이 많은 데다가 이들이 가을 곡식을 죄다 먹어 치우기 때문에 죽은 갈매기를 보고 놀라 도망치게 하려고 갈매기 허수아비를 만든다고 한다.

〈월간문학 2000년 3월호〉

신월동 찔레꽃

비행기 소리, 소--리 쏘오---리

텔레비전 보다가도 그놈 땜시…
에라 잠이나 자자, 마누라야
근처 토종 소나무는 종일 앓고
전라도에서 몰래 도망 나온
찔레꽃 사람들이 밤마다 땀을 뻘뻘 흘리고
고향 물레방앗간을
한시도 잊지 못했다.

삐거덕거리는 물레방아 소리, 기름칠이나 해두지
그놈의 소리가 첫날밤 신월동까지 쫓아와
내 등에는 가시가 숭숭 솟아났다.
비행기 소리에 더욱 발정난
신월동 찔레꽃은
끙끙대며 해마다 새끼를 쳐 갔다.

〈양천문학 1999년〉

당산철교 · 3

이제는 아주 쓸모가 없어
당산철교는 해체되고 있습니다.
누가 부실 공사를 했는지도 모른 채
단지 재시공 비용 몇백억이
시민의 혈세로 지불되겠지요.
보수공사를 해봐도
몇 년을 못 견딜 것이라고
과감히 철거합니다.

헌데 나는
갖은 질병과 탐심으로 만신창이가 다 된
나를 마흔이 훨씬 넘도록
수술하지 못하고 있습니다.

〈크리스찬문학 창간호-1997년〉

당산철교·4

 모기떼 설쳐대는 밤, 밤섬 텃새들은 당산철교 아래로 강바람 타고 날아오는 이야기를 듣고 있다. 먼 옛날에 사람들이 쇠로 된 튼튼한 다리를 만들었는데, 그 위로 괴상한 물체가 불을 켜고 덜컹거리며 시도 때도 없이 왔다 갔다 한다는 것이다. 첨에는 몹시도 신경이 쓰여서 모두들 모여 철교를 철거하라고 데모도 하였지만 사람들은 완고한 철교만큼이나 꿈쩍도 않더란 것이었다. 별수 없어 살다 보니 그놈의 소리가 자장가로 길들여졌단다. 참 요상도 하지. 그렇게 한 세상을 살다보니 그 소리가 없으면 못살 것 같더란 것이었다.
 어느 날 뜬금없이 그놈의 소리가 멎어버렸다. 새들은 야단법석이었다. 도대체 어떻게 된 건지, 매일 밤 회의를 하며 여기저기 수소문하느라 난리가 났다. 밤에는 아기 새들이 잠 못 이루고 종일 울기만 하여 목이 다 쉬 버렸다. 어른들은 점차 두려워서 안절부절못하고, 매일 철교 앞에 나가 소리를 살려내라고 아우성만 쳐댔다. 얼마 후 사람들이 철교를 하나하나 해체하고 있었다. 멀쩡한 철다리를 왜 철거하는지 모른 채, 새들은 그 소리를 빼앗아 간 사람들을 증오하며 하나둘 그곳을 떠나갔다.

〈크리스찬문학 창간호-1997년〉

벽라리민불(民佛)

자, 클릭하세요?
새천년 소원을 비는 아낙네의
미소가
일순간 디지털로 바뀝니다.
미크로세계 미세한 몸짓도
먼 우주의 푸른 파형 신호도
평면모니터에 와서는 경허선사*의
소 울음소리를 냅니다.

자, 클릭하세요!
디지털 DNA로 모두 재생되는
새 세상
어쩌면 56억 년 후에나 올
미륵일지도 모르겠습니다만
아들 하나 점지해 달라는데
벽라리민불*은 아는 듯 모르는 듯
살포시 웃고만 있습니다.

* 경허선사 : 조선 후기 유명한 선승으로, 오래전《조선일보》에 '길 없는 길'이란 연재로 그의 일대기(소설 : 최인호)가 소개되었다.
* 벽라리민불 : 전라도 화순, 우리 고향 앞 철둑길 옆에 민불이 하나 있는데, 아들 점지를 위해 소원을 빌면 아들을 낳는다는 설화가 있다. 또 화첩기행(김병종 화가 글)에도 운주사와 함께 나온다. 지금은 땅 번지수가 옆 마을 대리로 바뀌는 바람에 '대리석불입상'으로 명칭이 변경되었다.

〈현대문예 2013년 겨울호〉

노루귀꽃, 우주를 링크하다

초봄, 유리 벽 욕정을 두드리며
평창 가릿골 노루귀 꽃잎 안테나
곧추세워
우주의 끝을 클릭하고 있네.

온 사물들이 빅뱅 이전 몸짓 파형으로 얽히고설켜 4차원 네트워크 그물망, 은어가 펄떡거리는데 아니 빛깔 고운 피라미 가래인가, 퍼득퍼득 파동이 이는 우주 공간에 가는 손가락으로 반쯤 입을 가린 사촌 누님 어릴 적 잃어버린 누님의 꽃신 한 짝 걸려 있네. 어, 이쁜 꽃신 노오란 저고리와 빨간 치마, 한복을 입은 아내가 너무 이뻤다. 밤마다 깨가 쏟아지는 신혼 시절의 사진들로 뒤덮여 팽창하는 우주, 더욱 멀리 멀어져간다. 드디어 폭발, 모든 소리가 블랙홀로 빨려 들어가는 칠흑 새벽 눈매 고운 달맞이꽃의 시리우스에서 발신된 우주 신호가 잘 잡히질 않아 거시기를 세우려고 애를 쓰는데

조루, 시치미를 뚝 떼고 노루귀 쫑긋

겨울보리밭 언덕에 불어대는 바람 그날을 기억하고
눈 덮인 대지에 힘찬 기운으로
뿌리박아서
새로운 메시지, 혹 꽃소식을 수신하는데
안드로메다에서 아마 수백만 광년을 날아왔을까.
손끝, 알 수 없는 신호로
민감한 땅을 문질러대니
또 새봄 돋는
노루귀
곧추세워, 솜털 보송한 외계의 꽃이
화안하게 피어나고 있네.

〈월간문학 2017. 7월호〉

역사의 밭을 일구며

정축년 새 해는 떠오르는데
새해 벽두부터 시끌벅적하다.
저마다 한마디씩
우화와 고사(古事)가 등장하고
많은 아포리즘이 들먹여진다.
새해는 희망을 각오한다.
너도나도,
가정도 직장도 나라도 새해에는
소원을 빌며, 덕담을 나누며
역사의 긴 밭을 일구고 있다.

이른 새벽
농사꾼은 소를 몰아
안개를 헤치며 들판으로 나선다.
독새기풀, 잡풀 무성한 밭을 갈아엎는다.
겉흙과 속흙이 뒤바뀌고, 뒤섞이는
쟁기질 농사꾼의 손끝엔
풍년을 기약하고

독새기풀의 아우성이 요란하다 한들
더 깊숙이 갈아엎는다.

세상은 시끌벅적 요란스럽다.
대립의 국면 속에
위기의식만 늘어가는
아직도 어두움이다.
활기도 잃고, 신명도 잃어버린 새벽 미명
새 해는 떠오른다.
누가 정축년의 소를 몰아
굳어버린 저 땅을 갈겠는가.
누가
밝아오는 아침 저 태양을 맞이하려 하는가.

〈1997년 강남신문 신년축시〉

자운영 닮은 @

  언제나 안개로 반쯤 얼굴 가린 고향의 빨간 철다리 아래 자운영은 가슴 벙긋하여 무릎을 베고 @의 달콤한 말씀에 취해 영원한 잠이 들었다.
  억만년이나 흘렀을까, 엔터키로 다시 깨어난 자운영 연붉게 핀 모니터엔 온통 @@@… 매일 우주로 이메일을 수없이 보낸다.

〈크리스찬문학 창간호-1997년〉

상생(相生)

　신혼 초 바퀴벌레가 나타나면 기겁하던 마누라가 그놈들을 단숨에 짓눌러 죽여 버리던 그날, 나도 덩달아 바퀴벌레를 잡아 죽이다 보니 그놈들을 죽이는 건지 나를 죽이는 건지 혼란이 왔다. 밤에만 나타나 활동하는 것 하며, 마누라 앞에 기를 못 피는 거 하며, 어디 먹을 게 없나 하고 여기저기 뒤져대며 가슴 졸여 살아가는 꼴이 그렇다. 어쩌다 사람들에게 발각돼 빗자루로 몽뚱어리가 박살이 나도 어느새 알들을 흩뿌리는 것이 꼭 내가 혈당치 289가 넘어 몸무게가 4킬로나 빠져도 섹스 만은 포기 못하는 것과 닮았다. 그놈들을 죽이다 보니 꼭 나를 차츰차츰 죽이는 것 같아 마누라 몰래 밤마다 우리는 상생(相生)을 의논하였다.

* 《광주문학》에 발표할 때 제목이 '바퀴벌레를 사랑한 남자.1'이었으나 혐오스럽다 하여 '상생'으로 바꿨다.

〈광주문학 2000여름호〉

정화수(井華水)

시동댁*네 정월 뜨락은 새벽부터 요란스럽다.
큰 독아지마다 박힌
전주이씨 종가 며느리의 한(恨)을 벗겨내느라
연탄재로 박박 문질러서 헹군다.
겨우내 시렁에 매달아 놓은
메주를 띄우고
붉은 고추와 숯댕이를 넣고서
새끼줄 금줄을 두른다.

삼삼한 장맛이 우러나는
독아지, 하늘의 기(氣)를 빨아들이는데
어머닌 심심한 듯
소금을 더 부어 넣는다.
여름이 가고 하마 가을쯤 맛이 들까
밤새 장을 달이는 어머니
정월 초하루, 장독에 정화수 한 그릇 떠 놓는다.

〈나의고향 나의 어머니 : 한국문협 편 2019년〉

Water Freshly Drawn at Daybreak (정화수)

In January, the yard of the house hosting ancestral rites is noisy dawn.

To scouring the deep sorrow stuck in all big crocks

Of the eldest daughter-in-law of Jeon-ju Lee family,

They scrub the pots with used coal briquette ashes and rinse.

Now, they put boiled soybean lumps having hung from the rack all through the

winter into them to ferment,

And add red peppers and charcoal on them.

Lastly, to ward off evil spirits, they put a straw rope at its side.

Bland but tasty soy sauce brews

In the crocks, which suck the energy in the sky.

The mother adds salt

In it thinking the sauce is a bit bland.

It may taste good sometime when summer turns to autumn.

The mother who boils the sauce down all night.

On junar new year's day, she puts a bowl of freshly drawn water on the crock.

(Trans. Jung Mi-seon)

* 시동댁 : 나의 어머니 택호로 마을에선 '시동덕(~떡)'이라 불렸다. 원래는 '세동댁'인데 그렇게 편하게(?) 불리웠다. 어머니가 광산군 서창면 세하리(현재는 광주시 서구 세하동으로 변경)에서 시집을 오셨고, 자연부락 명칭으로 '세동'이라고 하였다.
* 이 시를 게재한 『나의 고향 나의 어머니』는 한국문협이 2019년 어머니를 주제로 영어 번역과 동시에 펴낸 작품집이다. 기미독립선언 100주년 기념 505인의 시를 모아서 영문 앤솔로지를 발간한 것이다.

2부
교감(交感)

교감(交感) · 1
— 태초

태초에 양(있음 - 1)과 음(없음 - 0)이 하나로 교감하는데
아주 작은 파동이 일어났다.

── ─
─── ── ── ── ── ── ── ── ──
─── ── ── ── ── ── ── ── ──
01
111 011 101 001
110 010 100 000

시공간 밖에서는
갓난아이가 잼잼하듯 연신 주먹을 쥐었다 폈다.
지금도 파동을 일으켜 보낸다.

* 태초 : 천부경(天符經)에서 천지(태초)는 일시무시일(一始無始一 : 하나, 또는 우주의 시작은 시작이 아닌 하나, 또는 우주이다.)이라고 첫머리에 언급하였다.

교감(交感)·2
─ 자벌레

허공을 직시하는 자벌레
어쩌면 신(神)과 마주하는가.
머리를 좌우로 가로저으며
한번 온몸을 내뻗는다, 한 뼘
그리고 또 한 뼘
정녕, 미지의 영역을 재보고 싶었을까?

* 자벌레 : 나방의 애벌레. 이동할 때 머리 부분을 쳐들고 좌우로 흔들며 쭈욱 뻗어서 마치 한 뼘만큼 자로 잰 듯 옮겨간다고 해서 '자벌레'라고 한다.

〈월간문학 2022년 7월호〉

교감(交感)·3
— 백두산, 사스래나무

1. 백두산, 사스래나무*
나는 누구일까.
비록 오도 가도 못한 채,
넓은 세상을 모른다고 비웃을지라도
난 하늘을 향해 머리가 항상 열려 있다.
하늘의 계시를 받아
수호신이렸다, 내 몸통에게 전해주는데
몸통은 하얀 옷을 두르고 서로 흰 어깨를 맞잡고서
깊이 뿌리박고 버티고 있다.
수천 년 수만 년
혹독한 바람과 추위를 막아내고
지금도 한 발 한 발 위로 내딛고 있다.
온몸을 관통하는 내 숨결은
저 파미르고원을 넘어 천산을 지나온
두메바람이다.
하늘 호수를 휘돌아 생생하게 살아 있어
늘 세상을 새롭게 한다.
하지만 나는 똑똑히 기억한다, 기억의 저편을

그날의 기억 저편을 제2의 팔만대장경에 기록한다. 수많은 이민족의 침입과 노략질로 전 국토가 유린되고 백성이 죽어가는데 우린 똑똑히 기억한다. 굶주림과 이별과 죽음에서 생존해야 했다. 우린 끝까지 살아남았고 그리고 다시 일어섰다. 몽골군의 말발굽과 왜놈들의 총칼 아래 의병으로 일어서 싸워 살아남은 우린 독종이다. 역사의 저편, 쓰리고 아픈 역사를 기억한다. 나는 시방 누굴까? 세상을 호령하는 우린 미래를 기억한다. 기억의 저편에서 우리의 숨결을 느낀다. 후세에게 한국인의 DNA를 전해준다. 우린 기억하지 않으면 내가 누군지 모른다.

2. 백마고지, 김 하사*
왜 우린 여기에 있지?
밤하늘에 조명탄 터져 대낮처럼 밝았다.
새로 투입된 신병들은 감탄했을까.
하지만 추상같은 명령을 받아 이들을 이끌고
총탄이 쏟아지는 고지를, 저 백마고지를 향해

점령하라, 목숨을 걸고 점령하라.
포탄이 터져 앞을 볼 수 없으나
한 발 한 발 앞으로 전진, 또 전진한다.
김 하사는, 파편이 터지는데 고향 어머니를 생각했을까.
가슴 한켠으로 그 숨결이 살아 있었다.
우리는 살아야 했다, 무조건 살아야 한다.
보이지 않는 적을 향해 총을 쏴대고
쓰러진 전우를 밟고 올라서 기어코 백마고지를 탈환했다.
죽어간 용사들은 그 땅속에 묻혀 훗날 이름 없는 하얀 꽃을
온 세상에 피워내고 있다.
하지만 나는 기억한다, 고통과 두려움에 이즈러진 그 눈망울을

그날의 전쟁을 기억한다. 열흘 동안 열두 번 주인이 바뀐 백마고지 전투를, 그날 밤 앉은 채로 묻혀버린 참상을 아는가. 수류탄을 가슴에 품고 탱크에 뛰어들던 군인들은 어디서 찾나요. 우리의 폭격으로 무너진 한강철교를 타고 후퇴하던 군인들과 피난민들은 어디서 찾나요. 밀고 밀리던 전

선에서 유엔군의 장병들은 동상과 추위로 수만 명이 죽어 갔고, 민간인 수백만이 죽고, 수많은 이산가족이 생겨났는데 누구를 원망하나요. 폭격으로 산들은 초토화로 붉은 산이 되었고, 도시 농촌은 파괴되어 부서진 잔해만 널브러져 구걸하던 아이들만 넘쳐나는데, 어디 가서 목숨을 부지할 건가요. 그래도 살아남아야지. 배고프던 시절을 기억하는가. 그래도 공부를 시켜야지, 내가 굶어도 자식은 가르쳐야지. 다시 시작하는 거다. 새로이 건물을 짓고 공장을 짓고 집을 짓고 나무를 심어 새로운 희망의 숨결이 온 가슴을 뜨겁게 한다. 우리는 기억한다, 내가 왜 여기 있는지.

* 사스래나무 : 백두산 수목한계선(1,000m 부근, 남한의 산지에서는 거의 나타나지 않는다.)에 빙 둘러서 자라고 있는데, 이는 자작나무과로 흰 줄기와 가지가 서로 얽혀 있다.
* 김 하사 : 김 하사는 백마고지 전투에 참가하여 살아남은 군인 중 실제한 사람이다. 고양시 일산에서 혼자 살아남은 것에 대한 죄책감으로 여생을 살아가다가 2000년 교통사고로 사망했다. 죽으면 현충원에 묻히기보다 백마부대에 묻히길 원하여 현재 백마부대 근처 '고양시무공수훈국가유공자 묘지(성석리 공설묘지)'에 안장돼 있다.

교감(交感)・4
— AI와 문답

질문 1--챗GPT에게(이미지 트레이닝*)
'꽃'이란 단어와 관련해, 단어나 간단한 문장을 찾아 나열해 주세요!
…수만 페이지로 검색이 되었다.

질문 2--멀티모달리티AI*에게(시 작업)
여러 주제(생명, 부활, 섹스, 본질, 실상과 허상)로 5편의 하이퍼시*로 만들어 주세요!
…금세 각각 주제에 맞는 5편의 시가 생성되었다.

질문 3--소라AI*에게(영상 트레이닝)
이 5편의 시를 영상시로 만들어주세요!
…몇 분이 지나지 않아서 5편의 주제에 맞는
영상시로 바뀌었다.
그중에 젤 나은 한 편을 골라봤으나 감칠맛이 없었다.

질문 4
5편의 영상시를 모두 노이즈화* 해주세요!

…금방 사막의 모래처럼 화면이 사라져갔다.
다시 전과 같이 앞 세 질문을 던져봤다.
그래도 별반 달라지지 않았다.

마침내 킬 스위치*를 작동시켰다.
AI 작동이 완전히 멈춰버렸다.
대화도 일순 멈춰버렸다.

며칠 후
AI 프로그램을 제외하고
컴퓨터를 새롭게 일반프로그램을 설정하여 시동한다.
첫 화면(UI)이 떠오르자
어디 산사에서
새벽 종소리가 은은하게 펴져 나갔다.

아침고요수목원에
우~~~
리~~~

꽃~~~
히~~~
어~~~
리~~~*
가~~~
피어났다.~~~~~~
지구의 심장을 두드리는 종소리는
우주의 끝으로 퍼져가더라.

* 이미지 트레이닝 : 시 습작기 때 마지막 훈련. 첨엔 무조건 단어나 문장을 쓰다가 어떤 단어를 제시하면 그에 맞는 짧은 문장을 계속 쓰다가 멈추고, 그 써놓은 문장 중 기승전결에 따라 시 작품을 만들어 보는데 선생이 최종 점검 후 습작기를 수료하게 함
* 멀티모달리티 AI : 시각, 청각을 비롯 여러 형태의 정보를 다양한 방식으로 학습하는 AI.
* 하이퍼시 : 의식과 무의식, 시공을 자유자재로 넘나드는 인간의 뇌 구조의 복잡한 그물망처럼 하이퍼시는 합리주의의 근본인 인과적 논리성이나 순차적 질서, 혹은 위계적 시스템을 벗어나 탈중심의 리좀 형태를 구축하며, 일방향성적 단선 구조에서 쌍방향적 혹은 다방향적 다선 구조의 네트워크를 형성하는 관계론적 체계의 세계라고 할 수 있다(하이퍼모더니즘의 시대는 오는가/조명제)
* 소라 AI : 생생한 동영상으로 제작하는 인공지능
* 노이즈화 : 생성된 영상 등을 마치 사막의 모래처럼 사라지게 함
* 킬 스위치 : AI 모델이 통제를 벗어날 경우 AI 시스템을 강제종료(삭제)할 수 있는 방법. 요즘(25년도) 유럽에서 F-35기의 킬 스위치 문제로 시끄럽다.
* 히어리 : 우리나라에서만 자라는 한국 특산 식물(나무)이다. 봄에 노랗게 꽃피는데, 아침고요수목원에 식재되어 있다.

교감(交感)·5
― 연날리기

소싯적, 친구들과 뒷동산에 올라
꼬리연을 만들어 하늘 높이 날리고 있다.
마치 하늘 끝에 닿는 것처럼
높이,
우리들은 소원을 빌어대듯 여러 편지를 띄운다.

좀 굵은 연줄에
작은 네모 종이 가운데 구멍을 뚫고
밥풀로 붙여 위로 올리면
줄을 타고 위로 올라가게 한다.
마침내 연에 종이 편지가 다다르면 모두가 환성을 질러댔다.
순간, 툭 끊어진 연줄
저 멀리 천운산(天雲山)* 너머로 날아가는 편지는
하늘로 올라갔는가.

한양에 가고 싶었을까. 천운산 구름을 뚝 떼어다가 두메 골짝, 운곡(雲谷)에 들여놓고 파묻혀 살아가는 사종·소종 형제 할아버지*는 글만 하루 종일 읽어댑니다. 임진란이 나던 해 드디어 의병을 자청하여 어가를 호위하러 한양으로 의주로 올라갑니다. 하늘 같은 왕을 보고 싶었을까. 시 한 수, 남아 있으니. 기쁨과 근심걱정 나라와 함께 하고 / 죽고 사는 것 한마음으로 맹세하네(후략).

오천축국(인도)을 시작으로 구도 여행을 하며 어느 날 구름을 보고 오언시 한 수를 지었는데, 뜬구름만 흩날리며 돌아가고 있네 / 편지라도 써서 구름편에 부치고 싶건만 / (후략). 서역까지 페르시아(이란)를 돌아보고 파미르고원을 건너 한민족의 시원(始原)이기도 한 천산(天山)*을 지나오는 혜초*는 진정 불법을 구했을까.

나는 청운(靑雲)을 품고 서울로 올라와서 하늘을 섬기는 봉천동(奉天洞) 어느 새벽 교회 지하실에서 참회의 눈물을 흘리며 신의 음성을 듣기를 간구했네. 바른길을 열어달라고… 지금껏 향방 없이 달려온 달음질이 어만데로 향하였으니 돌이켜본들 어쩌랴.

하늘에 보낸 소원 편지가 아직도 도착을 못 했는가.

* 천운산(天雲山) : 전남 화순군 동면, 사평면, 한천면에 걸쳐 있는 산 (601m)으로 날씨가 좋을 때는 우리 마을 뒷동산에 올라 동남쪽으로 바라보면 흐리게 보인다.
* 사종·소종 형제 할아버지 : 전주이씨 완창대군(이태조 큰아버지)파 21대 후손인 나의 14대 할아버지 되는 분이다. 17대 선조인 순양군이 전라도병마절도사를 마치고 1485년에 화순읍(도옹리→삼천리)에 입향하였는데, 그 증손인 사종·소종형제가 화순 동면 운곡에 칩거하여 살다가 임진년에 의병으로 출정하였고 그때 쓴 시 한 수(사종)가 족보에 전해져 온다. 병자호란 때도 사종의 아들 세 명이 의병활동하다가 순절하였고, 사종·소종 형제와 장손이 임진란에 순절하여 일문육충마애비(一門六忠磨崖碑)가 동면 신운리 절벽에 새겨져 있다. 이 마애비 외에도 육충 사실 상소문(유생 임장수 등)을 올렸다고 족보에 전해져 오고 있다. 소종할아버지의 손자인 민신할아버지가 저희 마을(벽라리)에 1620년 입향하여 후손이 번창하였고, 추후 완창대군파의 파종회를 창립하게 되었다.
* 천산(天山) : 2016년 유네스코 세계문화유산으로 지정. 남쪽으로 카라코롬산맥, 남서쪽으로 파미르고원, 힌두쿠시산맥, 히말라야산맥과 맞닿아 있다. '천산'은 '탕그리 토그'에서 유래된 이름으로 중앙아시아에서는 '단군'을 '탱그리'라고 한다. 따라서 단군에 관한 설화가 연결되어 있을 뿐 아니라 한민족 시원의 한 갈래인 천산대쥬신족의 발원지라고 주장하기도 한다.
* 혜초 : 신라의 고승으로 723년 스무 살에 구법 여행을 하게 되었다. 동천축국으로 들어가 5천축국을 거쳐 카슈미르, 파키스탄, 아프카니스탄, 중앙아시아(페르시아 등)를 돌아보고, 다시 파미르고원과 천산을 넘어서 둔황석굴을 지나 당나라로 돌아온다. 1908년 프랑스 폴 펠리오가 둔황석굴에서 보관 중인 왕오천축국전(필사본) 일부를 발견하였다.

교감(交感)·6
― 작살나무와 눈맞춤

작살 같은 싹눈
만 번 가고 만 번 와서도
늘 똑같다.
나는 그들 세계를 들여다본다.
본다고 하지만 허상(虛象)인가.

문득 7,000년 전 반구대암벽화에서
고래의 비명이 울려 퍼진다.
양각으로 새겨진 작살이 등에 꽂혀, 암벽에 각인된 채로
죽음을 앞둔 혹등고래인가.
새로 태어난 새끼 고래와 어미 고래를 뒤따르며 죽어 가는데…
나는 산에 오르다가
언뜻 눈맞춤으로
고봉산 작살나무, 너무도 작은 작살
어어, 저 무딘 창날이 내 눈을 찌르고
내 마음을 쓰윽 꿰뚫어버린다.

경계는 없어지고
보라색 구슬, 곧 만상(萬象)이 피어나고 있다.

〈한국문학인 2025. 여름〉

교감(交感)·7
─ 꽃

구겨버린 이름, 꽃
하나의 몸짓 이전 태초부터
여태 살아남은 야한 유전자, 꽃을
쓰레기통에 버렸다.

봄빛이 민감한 부위를 어루만지자
저 동토(冬土) 끝, 눈 속에 피어나는 복수초
무한한 우주에 피어나는 개별꽃
영원한 그대 마음에 피는 웃음꽃.

꽃은 또다시 피어난다.
춘산(春山)에 붙은 불이야.

교감(交感) · 8
― 거미

오감(五感)*을 없애고
나(吾)를 응시해 보니
막막한 벽이다.
벽을 타고 좀 큰 거미가 내려온다.
빗자루로 탁 쳐서
죽여버리고 싶었는데 그냥 살려두었다.

거미가 실을 뽑아내며
집을 만들어간다.

거미줄에 걸려든 부나방 한 마리
아마 나였을까.
탈출하려고 파닥파닥 무진 애를 써본다.
내 몸속 수액이
날카로운 거미 주둥아리에 쪽 빨려가는 동안
껍데기, 질긴 생각만 남는다.

거미와 껍데기의 내가 교감하는 순간

거미 궁뎅이로부터 술술

기하학적인 이슬 무늬를 만들어 내고 있다.

오(悟),

빛이 생생한 성운(星雲)이로다!

* 오는 五(다섯)이자, 吾(나)이며, 悟(오-깨달음)이다. 다섯 오는 보통은 오감(五感), 또는 오행(五行-목화토금수)을 의미한다. 우리 선조들은 5를 머리 부분으로서 여기며 하늘과 내 몸통(심장)이 통하는 곳이라 하였고, 그 통로에 문(口-구멍)이 뚫려 있으면 우주의 기운(정신)이 그대로 이어진 '참나(吾)'가 존재하고, 구멍을 통해 내가 하늘과 심장(마음)이 소통을 이루면 깨달음(悟)을 얻고 따라서 무엇에든지 자유로워진다.

교감(交感)·9
— 한 점의 생명

초음파 검색대에
거친 소리로
어미와 첫 만남, 울컥.
그냥 점(點)인데
하늘은 점점 눈을 뿌린다.

그냥 한 점으로
생각이 있을까.
감정이나 있을까.
오감이나 있을까.

어미와 종일 속삭이는 태아,
"아가!"(대답할까 말까)
발길질로 냅다 생각을 전한다.

엄마 바다에서 헤엄치다가
바깥세상이 궁금하다.
자지러지게 울다가

어미 소릴 알아채고 귀를 쫑긋.

창 너머 우주로 나갈 문을 찾는가.
반쯤 뜬 눈으로 휘저어 하늘을 더듬는다.

교감(交感)・10
― 갓난 외손자와의 대화

어느 왕조이던가
왕이 소통을 바라고 백성을 위해 글을 만들었다는데

'•'는 둥근 우주 하늘을 본뜬 거고
'ㅡ'는 평평한 땅을 본뜨고
'ㅣ'는 일어선 사람을 본뜬 거래요.

"ㅗ~",
"ㅏ~",
"ㅜ~",
"ㅓ~"

'ㅗ'는 '•'와 같되 입을 오므리는데(闔), 그 모양은 '•'와 'ㅡ'가 합한 것으로 하늘과 땅이 처음 만난다는 의미를 지녔다. ...... 'ㅏ'는 '•'와 같되 입을 벌리는데(闢), 그 모양은 'ㅣ'와 '•'가 합한 것으로 하늘과 땅의 작용으로 모든 사물이 나오지만 사람을 기다려 이룬다는 의미를 지녔다. ...... 'ㅜ'는 'ㅡ'와 같되 입을 오므리는데, 그 모양은 'ㅡ'와 '•'가 합한 것으

로 역시 하늘과 땅이 처음 만난다는 의미를 지녔다. ……'ㅓ'
는 'ㅡ'와 같되 입을 벌리는데, 그 모양은 '•'와 'ㅣ'가 합한
것으로 역시 하늘과 땅의 작용으로 모든 사물이 나오지만
사람을 기다려 이룬다는 의미를 지녔다. (중략) 'ㅗ'는 하늘
에서 먼저 생겼으니 하늘의 수(天數)로는 1이고, 물을 낳는
자리이다. 'ㅏ'는 그 다음으로 생겼는데 하늘의 수로는 3이
고 나무를 낳는 자리이다. 'ㅜ'는 땅에서 처음 생겼는데 땅의
수(地數)로는 2이고 불을 낳는 자리이다. 'ㅓ'는 그 다음으로
생긴 것이니 땅의 수로는 4이고 쇠를 낳는 자리이다.*

  몇 억겁 후 케플러-22b행성*에서 온 '외계 지적 생명체(=
외손자)'를 만나
  말을 걸어본다.
  "ㅗ, ㅗㅗㅗㅗㅗㅗㅗ"
  '마치 이 드넓은 우주에서 너를 만난 것이 그저 감동이로
다!'라고 한 것처럼
  외손자*는 곧 따라 하니

"오, 오 오 오 오 오 오 오"

'마치 입 모양으로만—당신이 누군지는 몰라도 기쁘다 오!'라고 하는 듯.

* 국민보급형 훈민정음 해례본(이영호, 달아실)에서 인용함
* 케플러-22b행성 : 캐플러 우주망원경이 2011년에 찾아낸 행성으로 생명체가 거주할 수 있다고 본다. 지구에서 600광년 떨어져 있고, 지구보다 2.4배 크며, 태양과 같은 항성 주위를 290일 주기로 공전하고 있다. 물이 있을 가능성이 크고, 섭씨 22도쯤 돼 생명체가 있을 가능성이 큰 것으로 분석됐다.
* 나의 외손자는 문화 유씨 대승공파 35대손이며, 항렬자는 '호(浩)'이다. 이름을 '호연(浩然)'이라고 지었는데, '호연지기(浩然之氣-우주에 가득 찬 기운)'에서 '넓은 마음을 품으라'고 '호연'을 따왔다. 너덧 살 무렵부터 한글을 읽고 쓴다. 그리고 '한자'도 읽고 쓴다. 우리 '동이족'이 만든 '갑골문자'를 말이다.

교감(交感)·11
— 이성(理性)과 감성(感性)

자, 종이 한 장과 볼펜을 드릴 테니
'죽음과 삶'에 대하여 이성으로 사유(思惟)해 보고
이에 대해 써보세요.
 .
 .
 .
 .
 .

만약 한참을 차분하게 생각해 봐도 한 단어도 쓸 수 없어서
에잇, 이까짓 게 뭔데…
갑자기 볼펜을 벽(壁) 쪽으로 휙 내던져버린다.
빛의 속도로 날아가는 볼펜에 감정(感情)이 있을까
아니면 벽에 박살 난 파편 덩어리에
어떤 감성(感性)이 튕겨 날까.

교감(交感)·12
― 사드 배치, 그리고 불통

내가 복제되어
제2의 내가 마누라와 동침을
한다면 얼마나 끔찍할까.
아니 부부관계도
새롭게 디지털식으로
접촉만 해도 된다면
그야 뭐, 내 생각만 스쳐도
내 아일 클릭하여 복제해 내는 시대

복제된 마누라가 있다면
손을 마주 잡고 무수한 감촉을 교류하는
모니터 안에서 뜨거운 오르가슴이
컬라로 프린트되고
수많은 생명들을 불러들이겠지.

어느 날 뜬금없이 사드 배치가 결정됐다.
마누라에게
눈짓을 보내는데도 아무 반응이 없다.

댓글 달기
댓글 달기-운영 원칙에 위배되는 글도 괜찮습니다.
(

)

교감(交感) · 13
― 간이식 수술

어떤 의식도 없던 20대
느닷없이 닥쳐온 광주 5.18민주화운동은
살아 있는 게 부끄러워
괜히 눈치를 살피게 되었다.
그때부터 간뎅이가 줄어들기 시작한 것이다.
어깨를 움츠리고
폭도니 빨갱이니 하는 눈총을 받을까
강 저편 사람들을 피해 왔다.

강 이편에서
그렇게 살다 보니 벌써 60대가 되었다.
늘 하늘 아래 부끄러운 존재로
살아남은 자의 비애(悲哀)로
비관하며 살아온 게 어언 40년 가까이
그러니 내 간은 아조 쫄아들었다.

얼마를 살지 장담할 수는 없지만
지금이라도

간댕이 부은 젊은 20대의 간을 이식하고 싶다.
(간이식을 해줄 의향이 있는 젊은이는 여기에 본인의 생각을 적어주시오.

)

간이식 수술을 한다.
이젠 전신마취, 눈을 감았다. 의사 선생은 1초만 참자고 했다.
1초는 우주 시간이어서 알 수가 없었다.
깨어나기 전에, 아니
죽기 전에 내 꿈 하나 이루고 싶다.
강 저편으로 건너가리라.

교감(交感) · 14
― 꽃, 두 번 꽃피우다

솜나물, 봄빛 쏟아지는 길가에
지난겨울 우주의 흑막에서 햇빛 한 줌 흘려
겨우 틈을 내었는데, 새싹을 틔운다.
젊은 시절 부대끼는 봄바람이 몸을 휘감은 들
보란 듯이 꽃대궁을 세우고
연분홍빛 꽃봉오리를 열어 산정(山頂)을 향해
꽃말, '발랄끼' 섞은 말소리를 발사해 본다.
산등성이로 절창(絶唱)이 울려난다.

지나가는 길손들이
"아유, 이 꽃 참 이쁘다!"라고 말 늘어놓는다.

달이 기우는 듯
꽃잎은 추하게 사그라지고
열매도 맺히지 못한 채

다시 꽃을 피우고자 독한 맘 품는다.
무더운 여름 폭염과 맞대응하며 지리한 장마를 비껴가고

나무뿌리가 뽑히는
외래산 태풍과 폭풍우를 막아낸다.
이런저런 소문에도 한쪽 귀로 흘려버리고
하늘 아래 살아 있는 게 부끄럽다고
방황하던 여름내내, 무심한 발길질을 참아내더니
가을에 기어코 키 큰 꽃대를 세우고 있다.

꽃 아닌 꽃을 피우는 꽃, 마침내
수신되는 우주의 홀로그램, 이심전심(李心全心) 텔레파시로 잉태하는
불꽃 같은 전율, 열매를 맺는다.
흩뿌리는 바람, 본래의 고향으로 날아간다.

* 결혼 34주년 기념, 강화도 여행할 때 아내에게 헌정시로 낭송하였다.

교감(交感) · 15
― 하영이의 손끝, 소통

돌쟁이 외손녀는
뭐든지 검지 손끝으로 눌러댄다.
소리가 들리고 영상이 떠오르고
파란불, 빨간불이 켜진다.

말하기 전 눌러대는 것이 소통이려나.
엘리베이터 층수 버튼을
누르면 빨간불이 들어오고
인터폰을 누르면
소리와 동시에 사람 얼굴이 튀어나오고
동요 아이콘 버튼을 누르면 노래 따라 궁뎅이춤도 추고
전자레인지도 누르면
이상한 소리가 들리니
참 신기한 세상이로다.
티브이 리모컨을 아무렇게 눌러대도
영상이 번쩍번쩍 흔들거리니
별천지가 아닐까보다.

비 온 뒤, 손끝으로 빗물이 괸 조그만 웅덩이를
만져보는 맛일까.

외손녀가 좀 커서
달을 보고
"엄마,
나를 자꾸 따라와."
가리킨 손가락 끝은
달 너머 세상을 내다보고 있을까.

교감(交感) · 16
― 목련꽃 하얀 아이의 인사

안녕하세요?
4월 꽃샘추위 우박 바람에도
백목련, 활짝 웃으며 창 너머로
인사를 건넵니다.
아직
어색스런 웃음을 띄우고
입주민들에게 인사하는 초소의 나는
왠지 좀 쑥스럽습니다.
아, 안녕하세요~
부드럽게(?) 그리고 길게.

아침마다 하이파이브로 손을 드는
두 살배기 여자아이가
하얀 목련 꽃잎을 흔들어댑니다.
오래 박혀버린 채 가슴 속
낡은 아집이
어지럽게 흔들립니다.
인사하는 아이의 웃음에 문득

내 존재를 들썩거려 보는 게
그냥 서툴러 보입니다.

어느 날 뚝뚝, 떨어뜨린
하얀 웃음소리가
파헤친 내 가슴 속에
정갈하게 접혀 쌓일 때
저 여자아이의 슬픈 눈에
언뜻 깊이 빠져드는 심연(深淵)이 있었을까.
나를 들여다보는 해맑은 눈빛 미소가
매일매일 기다려집니다.

교감(交感) · 17
― 백제관음

꿈으로나 보았을까, 백제관음*
웃을 듯 말 듯
쭉 뻗은 자태
600년 백제의 이름만 남기고
세월은 천여 년
그립다 하니
섬세한 힘으로
선(線) 뻗어 낸 그리움
일본으로 건너간
백제관음
조용히 눈을 감고
두고 온 어머니 그리워
저 손을 내밀었네.

네 손을 내놓아라.
네 속을 내놓아라.

투명한 마음

일천 배 길이길이
화순 운주사 눈코 다 닳은 석불에나
그 미소는 남아 있을까.
세상을 초월한
어머니!
업장 배인 무릎 아래로
백제인 후예의
피를 줄줄 흘려
목탁 소리는
잃어버린 왕국의 슬픔
흔적도 없어라.

* 백제관음 : 일본 나라시 법륭사(호류지)에 있는 백제관음상은 한국의 녹나무 한 둥치로 조각한 세계적인 일본 국보인데, 백제 성왕 때 일본에 전해졌다. 프랑스 작가 앙드레 말로는 '만일 일본 열도가 침몰할 때 일본에서 단 하나만 갖고 나가게 허락한다면 나는 백제관음상을 갖고 나가겠다'고 말했다고 한다. 2025년 5월, 법륭사를 방문하여 백제관음을 만나고 왔다.

3부
햇빛 한 줌

낙엽의 반작용

이편에서 저편까지 거리는 1m 남짓
거침없이 휙 건너뛰었다.
저편까지 아니 저승까지는 먼 거리였을까.
착지 순간 몸이 중심을 잃고 뒤로 넘어진다.
지하주차장 슬라브 공사현장 6m 아래로 추락,
아래는 저승사자, 악어가
큰 아가리를 벌리고 있었다.
중력을 거스르고 일순 낙엽, 휙 날아오르더니
아니 일직선으로 내리꽂는다.
아가리 속 블랙홀로 끝없이 추락한다.
아악,

"자, 눈을 감으시고
감성 여행을 시작합니다."

남구 선생이 주문을 외듯 낭송을 한다.

"공이 뛴다.

점점 높이 뛴다.
점점 더 높이 뛴다.
빌딩 콘크리트를 뚫고 공은 온전하고 깨끗이 뛴다.*

오남구의 공, 우주를 한없이 뚫고
점점 더 높이 뛴다.
끝으로 점점 더 멀어져 간다.
공, 우주 모니터에
은하 회전 곡선으로 춤을 춘다.

* 공이 뛴다 : 남구 오진현 시인의 시 「달맞이(데몬스트레이션)」 중에서 인용함

반역(反逆)

중학생쯤 되는 여학생들과 함께 종로를
행진하는데
감히 "박근혜는~ 퇴진하라~"
"박근혜는~ 퇴진하라~"
하늘 같은 대통령에게 물러나라고
구호를 외친다, 시위의 유・무죄(有・無罪)를 떠나서
우린 시방 반역을 외친다.

내가 대학생일 때
아버진 어머니한테 애들이 보는 앞에서 손찌검하려 한다.
순간 나는 감히
"아부지, 아니 엄니가 무슨 죄가 있다고
이러신다요? 장닭 두 마리를 훔쳐 간 놈들이
나쁜 놈이제, 엄니가 어뜨게 한다요?"
손찌검하려는 아버지의 손을 딱 잡고
어머니를 막아섰다.
아버지는 뜬금없는 순간에 엄청 당황하시고
내게 비키라고만 소리쳤다, 아버지보다 더 큰 자식의 손을 어쩌지 못했다.

작은딸은 내게 감히
"아빠 식사할 때 쩝쩝 소리 좀 안 나게 해주세요. 곧 언니네 상견례가 있을 텐데 거기서도 소리 내면 무슨 창피예요."
"60이 다 되도록 그렇게 살아왔는데, 이제 와서 고쳐지겠니?"
"아빠, 저희도 잘못된 습관을 노력해서 고치는데요, 아빠도 노력해 보세요."
아이들이 오래된 습관을 지적하는 순간
내가 늙어가는 것이 실화였다.

정작 반역하는 일은
노루발꽃이다.
나뭇가지에 짓눌린 꽃대궁, 낙타등이 되어도
하늘을 향해 비틀어 세우고는
기어코 꽃을 피운다.

꽃들의 섹스

40대의 정욕이
팔팔한 들판 언덕은 한바탕 전쟁,
단 하루를 살아도
꽃들은
섹스를 한다.

소낙비가 내려도
생각이 열려 있는 꽃은
암꽃 중
반쯤은 수꽃으로
트랜스젠더로 변신
섹스는 즉석에서 벌어진다.

치열한 몸부림
이종섹스에는 아랑곳없고
끊임없이 섹스는 벌어져
변종되는 일 잦아도
종족 보존이 그럴듯한 이유인데

오직

야한 유전자만 살아남아

더욱 팔팔한 정욕의 기운 솟는다.

꽃과 쓰레기

선생은 꽃 한 송이를 들고
내게 뭐냐고 묻습니다.

꽃입니다.
이 사람아 이게 왜 꽃이야!
휙, 그 꽃을 쓰레기통에 던져버립니다.
쓰레기를 꽃이라고
그래서 무슨 놈의 시를
쓴다고 틀렸어!
틀렸어, 나이만 먹어가지고
무슨 놈의 시를 쓴다구, 감성은 코빼기도
안 보이는데 넋두리나 써대는 시는
당장 때려치우라구, 이 사람아.

다시 선생은 그 쓰레기통 꽃을 들고
이게 뭔가?
아 그야 쓰레기이지요.
아 이 사람아 왜 이게 쓰레기인가?

향기 좋고 빛깔 화려한데
한번 향기를 맡아보라고 생생하잖나!

그래 꽃이지, 쓰레기통에 또 던지겠지.
그땐 쓰레기, 아니 꽃
헷갈린다, 꽃 아니면 쓰레기
그것도 아니면 꽃과 쓰레기
에라 모르겠다.
아무것도 아닙니다.

아 이 사람아, 아무것도 아니라니
무슨 선문답인가?
시는 확실한 거라네.
그러니 자네가 애지중지 끌어안고
있는 시들 다 쓰레기지 뭔가?
다 내다 버리게!

햇빛 한 줌

화분, 죽은 언어들이
득시글거리는 광장에
자존심의 줄기만 앙상한 꼴
그래도 혹시나 하고 물을 줍니다만
어둠의 여자는 비에 젖어 감각이 꿈틀거리는
죽음, 의식을 치르고
혹 직선으로 꽂히는 햇빛
다 굳어버린 매너리즘에
봄 햇빛 한 줌
확 뿌려주라.

내 꿈을 찍는 외계인, 혹은 사진사

　어느 날 외계인이 다가와 "당신은 지금 어떤 꿈을 갖고 있으며, 또 그 꿈을 이룰 수 있다고 생각하십니까?"라고 질문한다. 과연 꿈이 내게도 있었을까. 괜한 걱정에 별수 없이 나는 그 꿈을 찾기 위해 동네 '수면클리닉' 사진관에 찾아가 수면다원검사를 받는다. 침대에서 정수리, 머리, 코, 가슴, 팔, 다리 등 전신에다 각종 첨단 센서를 부착하고 잠을 청한다. 잠들자마자 뜬금없이 내 몸이 어느 사막지대로 붕붕 떠가고 있다. 세 피라미드가 보이고, 그것은 이집트 기자의 피라미드인가 보다. 대피라미드, 쿠푸왕이 묻혀 있다는 왕의 방에서 나는 붕붕 떠 있다. 지하의 방에서 빠져나갈 탈출구를 찾고 있다. 투명 비행체에 타고 있지만 난 온전한 육체를 가지고 있다. 환기구 같은 구멍으로 갑자기 한 줄기 강한 빛이 들어온다. 오리온자리 삼태성, 그건 내 왼 팔뚝에 검은 점으로 표시된 별자리였기에 소스라치게 놀랐다. 그 출구를 통해 나를 태운 물체는 빛의 속도로 하늘 오리온좌 삼태성인 맨 아래쪽 별 속으로 날아가고 있다. 마치 영생의 세계로 한없이 날아가듯 몇백 광년이 흐르도록 날아간 내 몸은 전혀 늙지 않고 내 숨소리도 가쁘지 않아서 찰나 같은 짧은 시간이라고 느꼈다. 어떤 밀실(암실)에 들어가는 순간, 난 전신이 해체된 채 외계인처럼 심장만이 팔딱이는데, 무슨 모니터에선 내 몹쓸 기억들을 삭제하고 대신 새로운 정보(상상력 같은 것)를 주입하는 메모리 싸인이 깜빡이고 있다. 오오 오시리스신(神), 혹 야훼인가? 아니다, 듣도 보도 못한 외계인이 내 뇌에 에테르 실험 호스를 연결하고 있다. 난 흐느적거렸지만 정기(正氣)가 솟아나고 있다. 그들이 말을 걸어온다. 그런데 희한하게도 내가 알 수 없는 그들의 말로 대화를 한다. 순간 두려움에 비명을 질렀다. 다음 날 아침 사진사(혹 외계인)는 밤새 기록한 데이터와 꿈을 촬영한 영상을 보여주며, 내 꿈을 풀이해 준다.

보통 사람들은 수면을 취하는 중 뇌의 활동(기억-저장)이 활발한데, 당신의 뇌는 일하지 못한 채 꿈만 자주 꾸게 됩니다. 특히 잠꼬대를 하면서 침대에서 자주 일어나 몽유병 환자처럼 이동하기도 하는데, 이를 '렘-수면행동장애'라고 합니다. 너무 걱정하지 마세요. 이 '렘-수면행동장애'는 새로운 우주여행병을 유발할 수 있습니다. 꿈꾸는 대로 행동하고 이동해 갈 수 있습니다. 그곳이 우주공간 어디라 할지라도 거침없이 도달할 수 있으니 '딱히 나쁘다'라고 할 수만 없습니다.

하얀 민들레

바람이 부는데
꽃대궁, 구푸렸다가 일어섰다.
일순
우주는 기우뚱거렸다.

덩달아 나도 흔들렸다.
생각의 실핏줄이 아름다운
나는 소우주
그 밑바닥에 잔뜩 엎드려
한 천 년쯤 흘렀을까.
나비가 마악 날아오르려는 참
나는 흔들리는 지구 한쪽으로
하얀 낱말을 흩뿌렸다.

거미줄에 걸려 퍼득이는
언어들, 연어였을까.
고향 남대천으로 돌아온 떼로 발정하는 수컷들의 전율
카타르시스 수많은 알들 뿌옇게

정보가 퍼져나가는 새 우주, 바람이 인다.
그냥 바람이 분다.

역(逆)고드름

수억 년 동안
철조망 두른, 채석장 캄캄한 얼음 동굴 속에서
원시인은 좀 치졸한 생각을 키워서
성욕의 돌고드름
늘어뜨린 산골 눈밭 초가
느긋한 햇빛 받아
낙수(落水), 흰 새는 전설이 있는 빙하기로 날아가고
응큼한 생각만 완고한 바위에
암각화로 남긴다.

또 세월은 몇천 년 흐르고
음각된 기호는
채석장 비둘기 부리로 쿡쿡 쪼아대면
녹슨 뇌 속에서 좀 낡은 기호가
재생 홀로그래피로 되살아나
역(逆)고드름 우후죽순
생성된 삭막한 도시의 겨울
이상기온으로

더 이상 자라지 못해
성불능이라도 된 탓일까?

생각, 생강나무의 떨림

3월 노란 나비
낮잠을 즐기던 고봉산 장사바위

바위틈으로
천만년 갇혀버린 생각을
저리도 내뿜는가
마악 터질 듯

생강나무 꽃망울은
질끈, 봄비에
한번 몸을 턴다.

토막 난 바람이 부는 소래포구

심장 으스러지는 바닷속
헤엄치는 도둑고양이
눈빛 발광하자
물고기가 토막 나기 시작
날카로운 입안으로 삼키는데
어쩐 일인가
고양이의 몸도
동시에 나눠지고 있다.
세포가 분열하듯
덩달아 바닷속은
긴 네모 조각으로 나눠진 꿈이
조합되는 디지털 모니터의 화면
다시 모자이크 되어
고양이는 익명성을 강요당한 채
협궤 선로는 철거되고 있다.

제발 나를 지금 눌러 주세요

내 손에 버튼이 없으면
몹시 불안해 합니다.
마치 치명적인 장애인처럼 생각하고
순간 견딜 수 없는
나의 부재를 느낍니다.

휴대전화를 깜빡해 집에 놓고 오면
그런 날은 종일 더 그렇습니다.
컴퓨터 앞을 잠시 벗어나
뭔가 바쁘게 일을 할 때도
생각은 마우스를 누릅니다.

제발 나를 지금 눌러 주세요.
내가 원하면
누구라도 접속할 수 있고
무엇이든지 얻을 수 있으니 말이에요.
명령만 내리면
즉석에서 실행이 됩니다.

제발 나를 지금 눌러 주세요.
이제 난 사물에 집중하지 않습니다.
골치 아프게 생각도 안 합니다.
버튼이 내 생각을 대신하고
버튼이 내 데이터를 펼쳐 주는데요.
모든 데이터는 사물의 몸짓에 앞섭니다.

이제 무한한 우주 공간으로
나를 이동시켜 줍니다.
지금 당장 나를 눌러 주세요.

백색 왜성

호수에 반사된 우주 기(氣) 받아
허연 여인네의 목엔
잠 못 이루는 세상의 힘든 디지털 힘줄이
문득 튀어나온 새벽
안개 짙은 우주 공간으로
불 밝혀 우뚝 선 목련
폭발, 신열을 앓던 옛사랑을
뚝뚝 떨어뜨린다.

동강은 흘러야 한다

동강 다큐를 보다가
산란하는 어름치의 큰 입을
쫘악 벌린 오르가슴에 전율한다.

그날 밤 모처럼 살풀이를 하는
우린 큰 입을 벌려
막 수정된 어름치의 뿌우연 알들을 토해 냈다.
자다가 하늘을 보고
깼다가는 동강을 보고
혹 아직 살아 있는
새벽을 위해 은밀한 생각을 키운다.

성욕이 범람하는 동강은
한강 하류 양천 고을까지 흘러야 한다고.

쥐똥나무, 경계를 세웁니다

사람들은
까만 쥐똥나무 열매를
피하여 언제부턴지
이쪽과 저쪽으로 갈라서서
스스로 경계를 둡니다.

이쪽은 보도블록
저쪽은 아파트단지
이쪽은 블루칼라
저쪽은 하이칼라

너와 나의 구별을 위하여
편리하게
울타리를 만들어 놓습니다.

확 드러나지 않게
은근살짝 구분된 구역
뭔가는 다릅니다.

물론 누구나 오고가고
얼마든지 넘어가고 하겠지만
키 작은 울타리
이름만 들어도 징그러운 쥐똥나무를
경계로
서로가 확실히 다르답니다.

헌데 언젠가부터
나는 마음속으로
경계를 그어
사람을 구분하는 버릇이 생겼답니다.

소꿉친구 · 1

송어는 문득 소꿉친구가
생각나 북태평양 찬 바닷물 출렁거려서
언제부턴가 방황하였다.

  가시철조망사이사이비집고피어난꽃그들의말에는의미가없어요잘못핀꽃도겨울이지나면굳은땅헤치고살아나리라하지만그말에는커다란의미가없어요그들이울부짖을듯내뱉는말이출렁출렁거리며술잔에넘치고있는데우리들의말에무슨의미가있겠어요피끓는언어로같이어울려피어있음을말하지만그것이무슨의미가있겠어요.*

우린 낮 환한
부끄러움이 물든 신랑각시였는데
소꿉놀이 흙토방에 솔나무 풀이엉 지붕 짓고
네가 지어미이면 난 지아비 되어
식솔 거느리며
남대천 온 계곡을 쏘다니지 않았던가.
찔레 여린 새 줄기 껍질 벗겨

입에 넣어 주고는 귓불 붉은 산하를
어찌 잊어버렸을까.
그래 그 잘난 숯검댕 눈썹
슬쩍 쳐다본 갈증으로 여태 살아왔는데.

* 이낙봉 시인의 시 「피울음꽃」 일부 인용

소꿉친구 · 2
　　― 송어가 산천어를 만났을 때

세상이 표류하는 남대천은
산새 원을 그리는 해거름부터
술렁거렸다.
옛날 그대로인 소꿉친구를 금세 알아보곤
뒷머리채를 흔들거리며
천 개 만 개 달빛으로 피어난 그리움
산하에 풀어놓는데
어릴 적 각시 냄새 기억할까 몰라.
동동구리 분내 발라 뽀뽀하던 뺨을
기억하곤 몸통까지 줄줄이 검붉어진
산천어*는
하마터면 오대산만 한 송어를 몰라볼 뻔했다.

어머닌 언제나 생선 냄새가 났었지. 좀 비릿하고 역겨운 듯한 냄새를 고무줄 질끈 뒷머리채로 묶어서 밤이 늦도록 일을 했었지. 끝나기만을 기다리는 아이들은 밤새 무슨 일이 일어난 줄 몰랐었지만 드나드는 사내놈들은 얼굴이 까맸지. 아마 내가 발목이 굵어져 연애를 시작할 때 우린 집이 없어 마치 나라를 잃고 추방당하는 아니 자유를 찾아서 바다를 헤매는 오 보트피플, 달거리 붉은 알류산 열도 등줄기 싸늘한 겨울바람 휙 도깨비 같은 전철이 지나가는 낯선 집에서 밤을 지새고 여명, 물안개 피는 밤꽃 냄새를 맡아가며 우린 헤엄을 쳤었지. 러시아에서 온 그녀도 머리채를 뒤로 묶어서 반쯤은 올리고 너 사랑이 뭔지 아니? 너무 커버린 송어의 몸뚱아리마냥 날 짓눌러서 숨 막히는 듯 오르가슴으로 분분히 입을 쫙 벌린 애틋한 사랑이 무슨 의미가 있겠어.

  겁을 잔뜩 집어먹은 산천어는

  괜히 조약돌 던지며 남대천 물낯 바닥을 마구 흐려 뜨려 놓고

  가시내야 가시내야! 음, 생각난다.

  동동구리 분내 같은 내 각시야.

* 우리나라의 산천어는 수컷만 강에 남아 살아가고, 암컷은 바다로 나가 4~5년 만에 자기 고향 냄새를 기억하곤 강으로 되돌아 와 송어가 된다. 70cm 이상 커버린 송어(암컷 산천어)와 20cm 이내인 산천어가 어울려 다니는 것을 보면 전혀 다른 종이라고 생각하나 희한하게도 같은 종이라고 하는데, 아직 그 원인이 규명되지 않고 있다.

을지로 3가

명보극장 앞 비둘기들이
고추 씨앗을 쪼아 먹고 있다.
아마도 인쇄잉크 지독한 을지로 3가에선
살아남으려면 독한 맘 먹어야겠지.

"자넨, 사업할 사람이 못돼!
그리 물렁해 갖구 어찌 처자식을 먹여 살리겠나"
IMF 바람에 홀로 사장인 내가 오늘은
저놈들처럼 고추 씨앗을
먹어야 할랑갑다.

난지도

성산대교를 건너 난지도 근처를 지나칠라면 쓰레기 악취가 온통 코를 쥐어튼다. 혹 인천 앞바다에서 날아온 갈매기들이 멋모르고 난지도에서 쉬어 가려다가는 화들짝 놀라 내빼기 일쑤다. 파리 떼밖에 없는 쓰레기 더미, 사람들은 아예 움막을 지어 놓고 살 붙이고 산다. 사람 같은 독종이 살고 있으니 풀도 나무도 새도 제대로 살 수가 없나 보다.

어느 날부턴가 쓰레기 반입이 줄어들고 난지도 사람들은 하나둘 떠나가기 시작한다. 신기하게도 사람들이 떠나간 뒤엔 한강 건너편 풀씨들이 날아와 자리 잡고 제법 그럴듯한 버드나무도 여기저기 고개를 내민다. 굴뚝새 뱁새들이 숨바꼭질하는 난지도에 바람 불면 풀 향기 꽃향기 뿜어내는 늦여름 멀지 않는 날, 아이들은 신나게 뛰어놀겠지. 풀이름 대며, 방아깨비 때때시 잡으려다 넘어진 무릎팍엔 풀물 드는 동심이 무럭무럭 자라나겠지.

* 난지도 : 당시 엄청난 쓰레기산이었던 난지도, 이제는 수만 평의 하늘공원에는 억새가 자라 가을에 은빛물결(서울억새축제)을 이룬다.

4부
백만의 소리, 촛불

백만의 소리, 촛불

자, 분노의 돌멩이 대신 평화 촛불을 들어라.
병신년(丙申年) 11.12 광화문광장
어린아이 학생 청년 주부 중년 노년
모두 함께 소리 질러댄다, 아니 통곡이로다.
참 희한하다.
비록 목소리엔 살기(殺氣)는 없을지라도
비록 연약한 울음이지만
백만 명의 힘이 있고
백만 명의 소원이 있고
백만 명의 희망이 있네.

100만 촛불의 파도타기는 실로
넘 아름다웠지, 아마
광화문에서 저기 시청 앞 광장 너머로
시민들, 전국에서
모여든 손팻말과 깃발과 풍자의 그림이
온통 하늘을 뒤흔들어댔다네.

다 아무렇지 않게
"박근혜는~ 퇴진하라~"
한편 좀 겁이 났는데도
"박근혜는~ 퇴진하라~"
학생들과 아이들의 낭랑한
반역(反逆)의 소리에
어쩐지 서글픔이 묻어나네.

100만인들 5천만인들
촛불을 들고 백날 소릴 질러봐라.
난 아 몰랑~
고집불통, 거짓 눈물 흘리며
세월호 참사, 국정 교과서, 일본군위안부 합의,
개성공단 폐쇄, 사드 배치
백남기 농민 물대포 사망, 한일군사정보보호협정 서명
이 완고한 고집을 어찌하랴.

끌어내려라, 탄핵하라.

늘 절반만 성공하는 혁명인가.
미완의 혁명, 4.19, 5.18, 6월항쟁
영광과 좌절
그리고 망각과 기억 저편에서
어두운 그림자가 깔린다.
또다시 반복된다면 어쩔 텐가.
박(朴)게이트*에서
분출하는 변화의 물줄기는
백두에서 한라까지 흘러야 할 텐데.

말 바꾸기로 버티는
박근혜는 기어코 바뀐다.
바뀐애는 진정 허수아비다.
100만 아이들의 소리를 시피(우습게)보는
바뀐애는
저 역사의 도도한 촛불 파도에 무너지리라
아희야, 이 나라는 네가 주인이다.

* 박(朴)게이트 : 박근혜-최순실게이트

춘설(春雪)

춥디추운 춘삼월(春三月)
허연 꽃잎
분분
날리는 봄날
꽃도 못 피우고 죽어 간 어느 소녀의
넋인가.
넋두리 질긴
한(恨) 세상에
지그시 눈을 감았을까, 하마.

저기, 버선발로 달려가느라
흰 슬픔 분분히 소리치네.

꽃다운 나이
못다 핀 청춘,
눈꽃 피우다가 가는 봄

청소부가 된 시인

광장과 울타리
메타세쿼이아, 시무나무, 벚나무, 플라타너스
낙엽, 온통 낙엽이다.

아침마다 빗자루질 허리가 아프다.
쓸어내도 또 쓸어내도
달려든다, 마냥 북한산 비봉 산등성이로 달려드는 폭설일까
겨울인데 눈발은 안 날리고 광화문 촛불, 200만의 소리만
흩날리는 주말
소각장 광장 청소부가 된 시인은
그저 막막하다.

속 붉은 단풍잎, 아이 예뻐라
유치원 아이들은 감탄하고
하야~하야하야~하야하야하야야~
하야~하야하야~하야하야하야야~
다섯 살배기 여자애가 따라 부르네.

겨울 낙엽 또는 사람들은
바람에 이리저리 쏠려서는
청운동 효자동 막다른 곳에 더 이상 막혀
청와대 100m 앞, 푸른 벽(壁)이다.
불통(不通)의 차벽 앞에
멈춰서 꽃을 던지는데
생생한 흰 국화를 던진다. 제 몸을 던진다.
촛불을 던져라. 횃불을 던져라. 저 너머 어딘가에
단풍, 그 여름 정열을 활활 태우고 있을지니

청소부는 무심히
마구 짓밟힌 허수아비를 소각로에 태운다.
웬 쓰레기가 이리도 많은지
봄날 좋은 때 대청소를 해야겠다.

네모 속에 갇힌 몸, 503

청와대 100m 앞에서 꽃을 던져댄다.
불통이로다.
스스로 청와대는
불통령(不通領)을 선언하더이다.
그래서 제 명령(令)을 네모 속에
가둬버리고 살더니, '영(囹)' 아니었다.

천칠백만 촛불혁명
탄핵(彈劾)이로다.
대통령이 임명한 총장은 그네를 구속시켰다.
13가지 죄목으로
눈물이 앞을 가렸다.
이젠 타의(他意)로 자기를 가뒀다.
나(吾)를 3평의 네모 속으로 가두니
너무 놀라서 '어(圄)'였다.

영어(囹圄)의 몸
이름을 박탈당하고, 503번이다.

세월호가 인양되었다.
대신 가라앉는 청와대는
깜깜 바닷속이다, 담담할까.

정월대보름달, 광화문 광장에

망월동, 망월(望月) 보아
촛불 번지는 광화문 광장에
대보름달이 떴습니다.
쥐불놀이하는 아이들
불꽃을 빙빙 돌립니다.

사람들은 화염병 대신
촛불을 저 하늘에 던져댑니다.
분노를 내뱉듯 감히 하늘에
불깡통을 던져댑니다.
하늘님은 아마 이 분노를 알아채고
그냥 참지는 못할 것입니다.
반드시 응벌할 것입니다.

하늘에서 온
천손(天孫)인 우리 동이족(東夷族)은
조상 대대로 하늘을 숭상하고
천제(天祭)를 드려왔습니다.

하늘을 섬기는 일은 곧
왕이 할 일이며, 백성이 해야 할 일입니다.
천벌(天罰)을 제일 무서워한 것이지요.

하늘님은 이런 시국(時局)을 못 본 체
언제까지 방치해 두실까요.
함 이 땅을 정리해 주세요, 하늘님*

대보름달 보아
오늘 촛불을 던져댑니다.
또 불깡통을 던져댑니다.
정말 화가 난 하늘님은 참을 수가 없습니다.
냉큼, 광화문 광장에
달빛 한 줌
확 뿌려줍니다.

* 하늘님 : 2016년 촛불집회에서 노래하던 가수 한영애의 '조율' 중에 나오는 가사를 인용함.

촛불, 소녀의 죽음

광화문 네거리 빙 둘러서
촛불을 밝혀
가슴속 깊은 곳
끈질긴 신경줄을 건드리고 있다.
그냥 걸어서
그냥 침묵으로

일만의 눈과
일만의 귀가 집중한
대한민국
손에 손에 바람 불면 꺼질 듯한
촛불
조용히 힘을 기르고 있다.

누가
소녀를 죽였던가.

내 안의 나를

밝히는 불을 켜서
불평등한 나를 발견하고
힘없는 나를
돌이켜 보며 오늘 나는
광화문 촛불을 켠다.

* 소녀는 미군 장갑차에 깔려 죽은, 당시 중학생이던 효선 양과 미선 양
  을 지칭

이 촛불로 또 어쩌란 말이냐

숨도 쉴 수 없는
매캐한 지하 전동차에서
손수건으로 막은 입
말도 못 하고
기다리다가 어이없이 죽어 간
남편들과 아내들 그리고 아이들
한 줌의 재로 산화한 뜻, 어이하랴.

대구 중앙로 지하 역사
130여 명의 참사
살아남은 자들
다시 죽음의 창구로 찾아와
이 촛불을 켜고
가시는 길 영영 못 돌아오시는 길
추모 행렬 이어
많은 사연 안고
많은 슬픔 안고
많은 분노를 안고

도로를 배회하는 죽음의 행렬
이 촛불로 또 어쩌란 말이냐.

슬픔, 그 마음을 함께
촛불을 들고
매일 오후 여섯 시면
침묵의 잔을 마시며
속으로 소리내어 울음 참아냅니다.
곡(哭)하다가
어이없어 실신해 버린
늙은 어머니
말해 보라, 말해 보라
누가 너를 이렇게 태워버렸는가.

너와 난 할 말이 없다.
유언만이 휴대폰으로
저장되어지는 황급한 지하 전동차에서
나는 어쩌란 말이냐.

꽃샘추위

유채꽃 하늘을 콕콕 찍어대는
암탉 노오란 품에는
알
알
이
부리부리 외침

두터운 지하철의 껍질을 벗겨 주랴!
알
알의
꽉 막힌
리비도의 숨통을 터주랴!
천지를 뒤덮은 검은 연기
문을 열어
태초의 숨결을 만나리다.

대구 하늘은
꽃샘추위

분노의 바람
노란 부리로 찍어내는
너무도 철없어
엄마 잃은 세 자매들
설마 그들일 줄이야.

오월 데몬스트레이션

바람, 쓰다듬는 순간
일시에
한쪽으로 머릿결 풀어헤치고
순종하듯
온전히 내어 맡깁니다.

데몬스트레이션
사라진 지 오래
오월 보리밭에 부는 바람은
천년을 잠든 보릿대
옆구리 간질이며
벌떡 일으켜 세웁니다만

많은 세월이 흘러서
망각의 오월
깨닫게 하는 건 바람이었을까요.

바람이 불어야

문득
데몬스트레이션이 생각난 듯
어깨동무하고
이리 쏠리고 저리 쏠려서
넘어졌다가
다시 일어나서는
또 넘어지려고
대기 중인 논보릿대

오월 데몬스트레이션은
그냥 바람 부는 대로입니다.

잠깐, 너도 바람꽃*

너무 슬퍼서
눈(雪)에 눈물이 줄줄 흐르는
강원도 산골 언덕에
북핵바람이 분다.
나도 바람꽃
덩달아 출렁이며 몸 주체를 못 하니
한반도가 졸지에
외풍바람에 요동을 친다.
잠깐, 너도 바람꽃!

밤이었는데, 나는 잠을 자고 있었는데, 누가 잠 위에 색실로 땀을 뜨나 보다, 잠이 깨려면 아직 멀었는데, 누군가 커다란 밑그림 위에 바이올렛 꽃잎을 한 땀 한 땀 새기나 보다, 바람이 꽂히는 곳마다 고여 오는 보랏빛 핏내, 밤이었는데, 잠을 자고 있었는데, 여자아이가 수놓고 있나 보다, 너는 누구니 물어보기도 전에 꽃부리가 핏줄을 쪽쪽 빨아먹고 무럭무럭 자라나 보다, 나는 온몸이 따끔거려 그만 일어나고 싶은데, 여자아이가 내 젖꼭지에 꽃잎을 떨구고, 나는 아직 잠에서 깨지도 못했는데, 느닷없이 가슴팍이 좀 환해진 것도 같았는데, 너는 누구니 물어보기도 전에 가슴을 뚫고 나온 꽃대가 몸 여기저기 초록빛 도장을 콱콱 찍나 보다, 잠이 깨려면 멀었는데, 누가 내 몸에서 씨앗을 받아 내나 보다, 씨앗 떨어진 자리마다 스미는 초록 비린내, …*

동족의 몸에서 초록빛 바람이 분다.
너도바람꽃
나도바람꽃
새해는 뭘 바라고 싶니?

* 바람꽃 : 너도 나도 '바람꽃'을 닮았다고 해서 '너도바람꽃', '나도바람꽃'이라고 이름 지어졌다. 바람꽃은 '꿩의바람꽃', '변산바람꽃' 등 약 15종 정도가 국내에 서식하고 있다.
* 김경인 시인의 시 「한 밤의 퀼트」에서 인용함

이런 봄 풍경, 난곡(蘭谷)

철거민이 쫓겨와
천막을 치고 들어앉아 살아온
그네들,
2003년 4월 24일
철저히 뭉개지고 부숴진 채
널브러진 재개발 횟가루넘버 허옇게
신림동 난곡은 독새기풀만 남아서
지독스럽게 하늘을
쿡쿡 찔러 항변하더이다.

철거촌 난곡은
콘크리트 골목을 이리저리 비집고
다닥다닥 붙어 이어 온
질긴 목숨인 듯
독한 맘 품어봤자
그네들, 독새기풀은
머잖아 제초제를 배부르게
먹어대야 할 걸

재개발 공사 깃발
눈물 나게 나부끼는
난곡, 이런 봄 풍경은
필경 수수께끼이더이다.

황태, 네가 바다를 아느냐?

눈 덮인 명태
굵은 놈 살찐 놈 마른 놈
네가 바다를 아느냐.
동족의 살점 패이는 바닷바람과
한 핏줄 동해 앞마당에
이질감 풀어놓은
한·난류의 웅덩이, 그리고
그 넓은 바다를
큰 뜻으로 품어 안은 젊은 날
꿈도 야무졌다만
시방은
용대리 황태덕장에서 눈물을 흘리며
말라가는 몸뚱아리

몸을 구부렸다가 또 폈다
하기를
하루에도 수십 번
겨울 눈세상 싸묵싸묵

얼어붙으면
수만 번 반복되는 굴곡의 한반도
하늘을 향해
천만 배(拜) 올리는 정성으로
그저 이 몸
누렇게 맛 들어간다.

황사현상

황하를 건너온 구름이 흘러서
우리 집 독 안까지
고갤 내밀어
누렇게 부황 드는 얼굴에
황사 바람은 무진장 불어댑니다.

코리안드림, 이 땅에
해마다 찾아와 불법체류

사막 모퉁이에서 밀입국한
좀 거친 바람 황사 바람이
거침없이 헤집고 다니네.
이쁜 새악시 탐내듯
저 **뻔뻔한 놈**
해마다 몰래 아니 공공연하게 들어와서
공포의 분위기로
불평등 조항 개선하라는데

묵직한 프레스 칼날 싹뚝
잘라 낸 아침 햇살 모조리 갖다 놓은 영산홍*
대낮 데모를 하고 있습니다.

우리 어머니의 독아지에
꽃구름 찾아오는
영산홍 밝은 봄날은 정녕 멀었습니까.

* 오남구 시인의 시 「영산홍」에서 인용함

생의 물음표

동천(東天) 플라타너스 가지엔
생의 물음표마냥 너플너플
끈질기게
질문을 던지는데
지나가는 행인, 나는
묵묵무답
일기예보가 삭제된
오후 6시, 대선* 개표는 시작되고
반역, 무슨 일 벌어질 듯
밤새 북풍 불어대는데
다음 날 아침
생의 물음표는 말이 없다.

* 대선 : 16대 대선(2002. 12. 19). 노무현 후보가 16대 대통령으로 당선
되었다.

5부
저렇게 작은 꽃이 불을 밝힐 줄이야

이라크의 여자아이, 눈을 부릅뜨고

이라크의 여자아이
눈동자 까아만
바그다드로 향하는
토마호크 미사일이 불 밝혀
눈 부릅뜨고 있다.

밝은 대낮
온통 난리다 아이들이 클로즈업되는
피난 행렬은 신문마다 제1면을
떠억 차지하고
뉴스는 종일 똑같은 말로 브리핑하는데
잔뜩 눈을 부릅뜨고
내심 전쟁이라도 확 터져버리라고
동조하는 듯
여의도 왕벚꽃 눈망울

수많은 눈이 지켜보는
이 나라 국회의사당 뒷길로

힘없이 빠져가는
피난 행렬, 신용불량자는 슬금슬금
누군가는 파리목숨인데

여자아이, 눈 부릅뜨자
왕벚꽃 느닷없이 터지는
여의도 벚꽃 놀이
행락 인파는 지금 통제 불능이다.

천 개의 눈을 떴어요

후세인 꿈쩍 않던
사막 한가운데
은행나무 매듭진 줄기마다
천 개의 눈을 떴어요.
바그다드 까아만 도시에
천 개의 혼 아니 미사일로 날아서
죽어가는 아이들
영생의 관문, 오리온 삼태성으로 안내하는
을지로 은행나무
천 개의 눈을 흔들어
반전 데몬스트레이션
사람들 놀래키고
되려 놀란 듯
눈이 퍼렇게 멍들어 버려서
일시에 딱 감고

한반도 허리를 가로질러
모술 전선에 피꽃이 피어나는 듯

연일 데모,
파병 찬성과 반대
각혈하는 보도블록
새로운 보도지침이 하달되고
또 작은 아이들
알라신을 깨우려는 듯
사막 하늘 향하여 돌을 던져댑니다만
오직 봄날의 계시로는
천 개의 눈을 떴습니다.

저렇게 작은 꽃이 불을 밝힐 줄이야

저렇게
작은 꽃이
전쟁의 위협 속에
평화를 노래하네.
아무도 쳐다보지 않는 길가에
있는 둥 없는 둥
피는 둥 마는 둥

하얀 꽃이
저리도 가슴 뜨겁게 하는데
바그다드의 여자아이
눈은 공포로 일그러져
하얀 옷이
핏빛 물들어 죽어 가네.

저렇게
작은 아이가 죽어 가도
전쟁은 끝이 없네.

예언

남편을 기다리며 그리움 품어서
반가운 달, 만삭인데
미사일 날아오르는 사막
포연 가득한 밤
처절한 산모의 신음만
도로 가에 새어 나오고 있습니다.

또 하나의 생명을 위하여
죽음의 희생제의를 치르는
신은 어디만큼 앉아 있을까.
만삭된 가이아 여신을 내려다보고
구원할 메시아
평화의 메시지 띄우는
저, 사막의 고통
인류는 어쩔 수 없는가
신이여, 예언을 주소서.

사막지대의 봄 인사

사막 언덕 봄은
아가씨 치마를 흔들어서
종아리에 따끔하게 꽂히고
미끈한 다리
명동거리를 활보한다.
안녕?
명동은 졸지에
산수유 노란 꽃망울 파편 터져
온통 전쟁 이야기
상처 입은 아이가 실려져 온 들것에
평화의 여신은
이른 봄을 노래하는데
모래 언덕에 낙타가시꽃이
피려면 좀 더 시간이 필요해.
하지만
크루즈 미사일은 먼저 와버렸다.

반전 데모대

국회의사당을 집어삼킬까 몰라.
파병은 왜 옳지 않을까.
그런데 왜 손을 들었을까.
사막의 꽃은 아직 필 때가
아니어서 미사일 폭풍만 불고
바그다드 인간 방패들은 살아 있을까.

다음 날
아침 인사를 보낸다, 봄은
지상 만물들이여
밤새 안녕하신가?

바그다드에 내린 꽃비

산벚꽃
봄비에 하얗게
낙화로다, 함락이로다.

강변 따라
도망가는 병사들
살아서 고향 가고 싶을 게다.
아직 살아 있을
어머니와 동생들 그리며
신발을 벗어 던지고
저주를 한다, 사담! 사-담~
신발로 초상화를 마구 때리며
자신의 가슴을 퍽퍽
쳐대는 사람들, 바그다드는
낙화로다, 함락이로다.

성전을 외치며
끝까지 항전하겠다던 사람들

모래처럼 사라진
고대 문명의 사람들
부시를 찬양하고
자유를 선언하는 바그다드에
아이들은
배고파 우는 아이들
오, 해방군 미군들이여
우리에게 먹을 것을 다오!

양심선언

사담 왕조의
가시 핏발 선 선인장에 바람이 불어대고
미친 듯이 불어 내가 미쳐 가는
화약고 사막
달이 선인장 가시에 찔리는 기도실

참회하고 있는
달, 초승달이 예리하게
날을 세우고
목을 겨눈 한반도는 뜨겁게 달구어져
파병조사단의 눈이 흐려진다.
국익이 우선이라는
조사단 발표는
형체가 없는
사막의 바람이 새로이 형체를 만들고

너무도 선명히 꽃 같은 상형(象形)문자
모래산에 휘리릭 새겨

신은 계시를 남겨두는데
훗날 양심이 미라로 방부되면
나는 양심선언을 해야 한다.

6부
화순역

화순역

서라실 뒷동산 복사꽃
기적 소리에 덩달아 흔들렸다오.

흔들리는 마음이야
훌쩍 커버린 키만큼
볼 붉어지겠지만
오신다는 님은 올동말동
봄은 다 가도록
시골 역사
미련스럽게도 우두커니 남아 있는데

그 옛날
멀구슬나무* 덩그러니
역 광장에
구슬치기하는 아이들
연탄 가루 손등 시커멓토록 해 질 녘
올 사람도 없는 화순역 대합실 기웃거리다가
기적소리 울려난 빨간 철다리 지나오면

내리는 사람들
아, 다 사라졌네.

5.18 시민군이
무장하던 역전파출소*는 폐쇄되어
광장은 졸지에 정적만 흐르고
오십이 넘은 지금에도
새 역사(驛舍) 토종 소나무 아래서
새날의 봄을 기다리네.

---

* 멀구슬나무 : 지금은 사라지고 없지만 그 열매로 구슬치기하거나 머리를 때리며 장난치곤 하였다. 몇 년 전에 목포 달리도에 갔더니 그곳에 이 나무가 자생하고 있었다. 그리고 주변 윤빵집, 일흥상회, 노점빵, 꼬마점빵 등이 우리 옛 과자 먹거리를 유혹했었는데, 이젠 거의 다 사라졌다.
* 역전파출소가 다시 몇 년 전에 개소되었다.

입춘대길(立春大吉)

날카로운 옥수수 밑동에
눈이 녹으면
봄은 멀지 않았다.

봄동 배추, 봄을 기다리는 밭떼기
옥수수는 다음 꽃 피울 생각만으로
설렌다, 눈은 녹아서
흥건한 꿈이 무르익고
황소 울음 종일
얼어붙은 밭을 갈아엎는다.
옥수수 밑동 모두
갈아엎는다.
세상을 갈아엎어서
핑 콧물이 도는 눈언저리
입춘에 옥수수밭은
새로운 꿈을 심는다.

정월 대보름, 배바우 돌싸움

"반짝이는 별빛~ 아래
소곤~소곤~ 소곤대는 그날 밤~
천년을 두고 변치 말자고…
사나이 목숨 걸고 바~친 순~정…"
"전~진~"
"와~와~"
대보름달, 철로(鐵路) 따라 노래하며
배바우*로 돌싸움하러 간 겁 없는 서라실 머시매들
외딴집에 돌을 마구 던져대고
화약총을 쏘아대며
석전(石戰)은 대보름에 며칠이고 벌어졌다.

"후~퇴~"
우르르, 도망가느라 정신이 없다.
신발이 벗겨지는 놈
돌에 맞아 머리통 터져
아이쿠, 비명을 질러대는 놈
서로 엉켜 엎어지는 놈

한참을 도망쳐 와서
피가 범벅인 머리에 된장을 바르며
"울~려~고 내가 왔던가~
웃으려고 왔~던가
비린내 나는 부둣~가엔…"
숨 고르다가 또
"전~진~" 와와~
"후~퇴~" 아이쿠~

배바우 당산나무 그늘 아래
땀 뻘뻘 오릿길 화순 장날
더위를 식히는 서라실 어르신들
어젯밤 격렬한 돌싸움을 알 턱이 없다.

그 옛날 영산강 따라오던 돛단배 대신에
밤도깨비 같은 아파트만 들어서고
시내버스 휙 지나더니
배바우는 좀 외롭다.

* 배바우 : 아주 오래전에 읍내 가는 길목, 대리 마을에 있는 바위(또는 당산나무)에 배를 묶어두었다고 하여 '배바우'라고 불렀다. 아랫마을인 화촌은 지금도 땅을 깊게 파면 검은 펄이 나온다.

객미산 아이들

객미산*
냇가 여름 풍경은
벌거벗었다. 하루종일 자맥질하느라
배가 고파서
물놀이하던 양파, 껍질 벗겨 먹는다.
매워서 눈물이 핑 돌아도
개헤엄 쳐서 건너편 바위에서
다이빙 몇 차례 하면 언제 그랬냐 싶다.
흰 고무신 안에 용바위 이끼 넣고
발바닥 붉게 물든 채로
홀딱 깨 벗은 아이들, 소나기 한차례
해가 떴는가, "워매 더운 거!"
쑥 짓이겨 귀에 넣고 물속 끼다가
뜨거운 넓적돌 주워
양쪽 귀에 대고 이쪽저쪽 흔들어대며
"한강 물이 많냐, 동해 물이 많냐!"
신통하게도 귓속 물이 쏘옥 **빠진다**.

보리찜 해봐도 징허게 허기져서
서토실 토마도밭 서리하는 객미산 아이들
주인에게 들켜서 혼비백산 도망치고
마을 앞 포도 따먹다가 걸려서
파출소에 끌려가
'너희는 이제 인생을 종쳤다'며 겁주는
소장의 말이 아직도 들리는 듯
아이들 소리는
공설운동장 함성에 묻혀 가는가.

* 객미산 : 당시 '개미산'을 '객미산'이라 불렀다. 지금은 관광지로 개발
되어 '용바위'가 있던 곳에는 멋진 '인공폭포'가 만들어졌고, 정상에는
차도가 연결되는 '전망대'가 들어섰다.

정그남터

몸이 몹시 아파서
꿈에 빠져들 때면
고향 마을 정그남터*가 생각난다.
겨울 매서운 추위
손등에 때가 잔뜩 끼어
말간새놀이를 하는 아이들
육박전을 벌이며
치고받고 밀어뜨리고
넘어뜨리고 엎어져서도
끝내 진지를 지키기 위해
박박 우기던 소싯적 시절 떠오른다.

정그남터에 함께
나이먹기, 따가기(다방구놀이), 군기놀이
통이야, 십자간새, 말간새, 딱지치기
구슬치기, 단짝꾸리(공기놀이), 꼰(고누)
오징어놀이, S자놀이, 고구려백제신라놀이
동굴테굴리기(굴렁쇠굴리기), 자치기

땅따먹기, 비석치기, 낫치기 등
놀이를 하던 아이들
지금은 뿔뿔이 흩어져
아마 죽어서도 돌아올 수 없는
아주 먼 곳을 가버렸나.

죽어서 상여가 떠나던 정그남터에
유년의 친구들 무릎이 깨져
맘이 아픈 날, 고향
정을 떼어 내고 난 이방인이 된다.

* 정그남터 : 화순 서라실 마을 가운데 넓은 공터가 있는데, 예전에 정자
  나무가 있어 정자나무 터, 즉 정그남터로 불렸다.

상수리나무

근처 상구정, 상수리나무에서 풍뎅이를
잡아 팔다리를 뚝 분질러서
그리고 모가지를 휙 비틀어
정그남터 흙먼지 땅에 눕혀 놓고
"풍뎅아, 풍뎅아! 서울에서
손님 오셨단다. 마당 쓸어라 마당 쓸어라!" 하고
땅바닥을 두드리면
마치 말을 알아들은 것처럼
뱅뱅 그 자리를 돌면서
날갯짓 쌩쌩
바닥은 금세 깨끗해진다.
그 짓궂던 아이들은
지금도 남의 모가지를
비틀고 살아갈까 몰라.
아니면 그때
풍뎅이 목을 비틀던 죄로
지금은 벌을 받고 있는지도 몰라.
내가 가끔은 자고 나면

목이 아픈 것이 어쩌면 그 탓일 게다.

상수리나무 아래
팔을 들고 벌을 받으면 좀 나을까.

배고픈 날, 물수제비를 뜨며

　서라실 시동댁 우리 엄마는 걸어서 오릿길 신작로를 타박타박 장 보러 간다. 몰래 뒤따라가는 나와 동생은 저만치서 흘금 뒤돌아보는 엄마의 눈초리를 피하지만 들켜서 구박만 받다가 장터 초입에 들어서면 별 수 없는 엄마는 생선전에 들러 동태 한 마리 뒤적이다가 꽃게를 살까 망설인다. 아버진 그놈의 꽃게만 올라온다고 투정이니 금세 동태 큰 놈 한 마리를 집어넣고, 양말을 사러 옷가게 들러보니 와, 화려한 옷가지에 입을 다물지 못하는 우리 엄마는 아들놈들이 많아 그냥 지나치고 양말 몇 켤레 사시더니 연신 고갤 두리번거리는데, 아마 머칠* 고모님을 기다리시나 보다. 침 넘어가는 부침개 연신 뒤집어 놓는 주인은 아랑곳 않고 파리를 쫓는 꼴이 돈 없으면 저리 가라는 투다. 뱃속 창자는 꼬르륵. 입안에 뱅뱅 도는 말 도저히 참을 수가 없어 엄마, 배고프다! 하지만 엄마 눈을 위아래로 부라리고.

　고모님은 오지 않았다.
　아직 팔리지 않는 소들의
　우는 소리를 뒤로

방죽에는 연꽃이 피어 있었다.
괜히 심통이 나서
등허리가 납작한 돌멩이를 집어 들고
물수제비를 떴다.
하나, 둘… 몇 개인지는 모르겠다.
물수제비를 떠서
동생과 나는 배고픔을 달랬다.

* 머칠 : 전남 화순읍 동면 운농리(정확히는 운곡과 농소 두 마을 중 운곡 마을)의 자연부락 명칭. 전주 이씨 완창대군과 순양군 5대 후손이 화순읍 벽라리(제 고향)에 집성촌을 이루기(1620년) 직전에, 순양군 3대 후손(사종·소종 형제 할아버지)이 입향한 마을이다. 작은 고모가 그 마을 민씨 집안으로 시집을 가서 살고 있었는데, 아쉽게도 좀 이른 나이에 작고하였다.

군고구마 장수

왕십리에서 때아닌
거북선 연기가 피어오른다.
아직 남은 군바리 깡으로
세상을 향해 뿜어대는데
그냥 손이 몹시 시렵다.
군고구마 한 개라도 더 팔아야지.
곁에 해남 새악시는
매운 연기에
시방 배가 고프다.

죽마고우의 월급에서 뚝 잘라
군고구마통을 장만해
저 전풍호텔 같은 건물을 짓겠다며
건너편에서 꿈을 꾸지만
징허다, 왕십리 눈보라 서러워
서로 손 부여잡고
자! 떨이요.
군고구마가 떨이요!

좁고 어두운 골목
장작 집어넣어서 불을 밝히며
눈물을 닦아 주던
새악시, 해남 땅끝마을쯤 비린내 바닷바람이
제법 손등에 어리는 겨울
아, 대체나 무슨 힘이 되겠어요.

보릿고개

봄비가 내리는
언덕배기 쑥은 쑥쑥 자라서
쑥버무리 해 먹을까.
아니 보리 개떡이 좋을까.

허천나게 풀죽 먹어대서
목구멍은 퍼렇게 칼칼한데
흰 눈자위 뒤집힌 유년의
보릿고개
깽변 자운영 꽃씨라도 털어서
볶아야지 자운영 연붉은
꽃잎은 훨훨 날아서
아지랑이 어지럽게 피는 고향 들판에는
그냥 하늘만 쳐다보는
허기진 아이들

임방울 명창 쑥대머리
환장하게 목이 쉬어 구슬퍼라.

7부
수수꽃다리, 미스김!

수수꽃다리, 미스김!

입술은
갈래갈래 터졌습니다.

천년지애(千年之愛)의 슬픈
사랑처럼
멀리 바람이 불어와
옛 왕조의 향기 왁 쏟아 내고
깡그리 없어져 버린 왕국
흩어져버린 백제 가시나들
지금은
수수꽃다리의 슬픈 입술에 남아
아스라한 향기의
기억뿐입니다.

쓰디쓴 잎사귀의
기억도 진정한 사랑인데

어느 외계인에 의해

신대륙으로 끌려가더니
풋사랑마저 잊혀진 지 오래
어느 다방 '미스김'으로 둔갑을 하고
버젓이
이 나라에서 뜬금없는
사내들을 유혹하고 있습니다.

* 천오백 년 전의 백제 공주처럼 아름답던 수수꽃다리(라일락)가 미군 장교에 의해 미국으로 **뿌리째 뽑혀서** 개량된 후 '미스김'이란 라일락으로 역수입돼서 다시 방방곡곡에 퍼지고 있다. 백운대 꼭대기에 핀 수수꽃다리의 종자를 채취해서 개량시킨 후 자기 나라의 꽃으로 등록해서 다시 여러 나라에 되파는 수법이 몹시 분하나 어쩔 수 없는 현실이다.

백제 가시나
― 동이(東夷)·1

꿈속, 부여 궁남지 연꽃 사이로
언뜻 부르는가.
오라버니~

순간
내 몸을 흔들었네
아마도 까마득히 다 잊고 살아가는
날 깨웠겠지.
막노동 현장으로 나도는
하루벌이
이전의 나를,
아니 내 생각을 깨웠네.

밤새 달궈낸 용광로
당진 일출 태양이듯
활활 타오르던
젊은 시절이여.
다 늙어서야 웬 꿈이런가.

일순
한바탕 웃음소리
그대는 철없는데
천년을 기다려 온 백제 가시나인 듯
또한 반갑네.

싸이, 세계를 점령하다
― 동이(東夷) · 2

광활한 대륙을 말 타고
호령하던 기마민족의 후예여,
우스꽝스런 말춤으로
세계를 주름잡는
싸이
그 이름을 구겨버리고
바다 검푸른 바다에
모국어를 뿌렸다.

신의 음성,
벽해(碧海) 속을
확 뒤집어 놓는다.
태풍 같은 신드롬
희한하게도 강남스타일과
싸구려 말춤 같은
모국어가
당진제철소 용광로에 밤새
붉게 달구어져서

동방의 아침을 열어 간다.

지축을 뒤흔드는
우랄 알타이어의 신바람 소리는
세계인의 가슴을 뚫고서
진정은
신나게 놀고 즐길 뿐
그냥 싸이는
토종 웃음으로
단박에 빌보드와 유튜브를
점령하고 있는데
정녕 천손(天孫)인
동이(東夷)인가.

해금강

한려해상 물길 따라
아침 햇살 돋는 기운으로
한 떨기 연꽃이 피어난 듯
천년만년 아름다운 신혼을 차려 온
신랑신부바위, 해금강

북쪽 사자바위에
외로 누워
해와 달을 동시에 바라보는 일월관암
동백의 붉은 빛깔이 물들어
병풍바위, 때로는 뚝뚝 흐르다가 멈춘 듯
푸른 물결 되비치는 만물상
천태만상으로 좌선하는 듯
위태롭게 치솟은 촛대바위에
억겁의 만월이, 버선길로 달려오는 만월이
악, 숨이 멎는다!
영생불사의 꿈이여!

어느 가야 사람의 넋이라도
꼿꼿한 기암절벽엔
천년의 바람 따라 살아온 소나무, 천년송(千年松)*
핏빛 울음이듯
채벽(彩壁)에 아침 햇살이 비추면
사람들은 사람들은 남해의 적벽(赤壁)이라고
탄성을 지르는데.

천년송은 날이 갈수록
잃어버린 가야 왕국의 슬픈 병이 들어
살은 타고 숨이 막혀서
점점 말라만 가네.
소금기 가득한 바람이 불어
눈물도 말라서 죽기까지 내 전할 말은
십자동굴 수로 사이에 은밀하게
"난 해금강의 수호송이라네"

왕국을 그리워하는 천년의 마음이듯

바다는
소리내어 붉은 햇살, 붉은 기운으로
새 노래를 부른다, 무릎 아래 치마를 걷어붙이고
희디흰 속내이듯
처얼썩 파도는 노래한다, 천 년 전 어느
신랑신부의 아름다운 꿈을
조심스레 풀어놓는, 해금강은
환생인 듯 한 떨기 연꽃이다.

* 천년송 : 병풍바위 근처 흙 하나 없는 기암괴석 절벽에 키작은 소나무가 천년을 살아왔는데, 당시(2006년) 몇 년 전에 아쉽게도 고사하였다고 한다.

황금빛 나비의 여행

혼이 바람에
아니 그냥 너풀너풀
일순 직립하는
황금빛 나비가 되어
날아서 이승을 떠나듯
훨훨 날아서 천상의 인연을 생각하고
또 한 번의 여행을 준비합니다.

기억이 상실된 내 안
먼지 쌓인 이메일 저장 창고에서
불현 임을 발견하고
아, 툭 떨어지는 나비 목숨인 양
난 잠시 길을 멈췄습니다.
기억으로 넋을 잃고
은행나무 아래서
바람에 흩날리는
황금빛 꿈, 그리고 사랑이
발끝에 툭 떨어져
미친 듯 내게 달려옵니다.

하늘에 금을 그어 댄 여자

갈빛 비로
하늘을 그어 댔습니다.
얼마나 아플까

단단한 창문은 금이 가듯
깨진 거기에
어리는 수많은 영상
휘황찬란합니다.
아픔이 있지 않고서야 어찌.

깨어진 유리
어쩌면 동심이었을까요, 어렸을 적
베인 손에 붉은 피 금방
눈물나 왁 울음 터뜨렸습니다.

하늘에 금을 그어 댄 여자는
덩달아 지레 겁먹고
울음 터트립니다만

하늘은 참말로
아파서 엉엉 울어댑니다.

겨울은
이렇게 징징대면서
오는 걸까요.

어떤 여자의 돌아누운 등

새벽 벌떡 이불 제끼고
앉아 전기 면도기를 들이대고
밤새 불면한 성욕을
싹둑싹둑 잘라내고 있다.
검색 또 검색하여
혹 남아 있는 찌꺼기를
제거하는 순간 분노가 치밀어
면도기를 확 던져버렸다.
박살 나는 성욕이
사방으로 튀어 나가
방안은 온통 울음소리

낯선 방에
나의 어머니와 아내와
다른 여자와 또 잘 모르는 여자가
3차원 공간의 질투에 갇혀
질식되기 직전이다.

오늘 기상 뉴스는
한파, 한반도 상공에 영하 40도의
찬 기운이 머물러 있기 때문이라고…
하지만 사람들은
돌아누운 여자의 등 부근에 머문
찬 기운이
강추위를 몰고 왔다는 것을
모르고 있다.

아낌없이 주는 나무

까치밥
청설모 겨울 고픈 밥이
되었는데

또 무얼 줄까
고민하느라 가지가 축 처진
나는
별님을 발견하고서
미안해, 네겐 줄 게 없어
태풍 몰아쳐
한쪽 허리 뚝 부러지고
허리 등걸에 빗물이 고이더니
이제라도 너희들 다 내려와
밤새 수다 떨며 놀다 가렴.

어느 날 할아버지가
온몸을 토막 내 아궁이에 욱여넣고
소죽을 끓이고 있네.

늙은 할망구 등짝이나
뜨뜻하게 하더니
다 태워
아낌없이 네게 다 주고 싶다네.

사랑이야 옛정인 것을
저렇게 재로 남아서
미지근한 화롯불로 남아서
난 아낌없이 다 주고 가네.

도봉산

1.
육감으로 봄을 느낀다네.
자운봉 자락에
쌓인 햇빛만 봐도 알아채는
너릿재 순이 볼때기는 연둣빛 봄바람
대지를 깨우고 있네.
얼음 폭포 속 시린 봄기운이
도봉산 계곡마다 밀어 올리면 산처녀
풋 가슴은 터질 듯
물오른 아가씨 심장 소릴 들어보세요.
혹 분 냄새 품어 안은 도시 사내가
산정(山頂) 기운 풀어놓을까 몰라.

동동주 사발사발 둥둥 띄운
봄기운으로 취하는
나는 또
흔들리는 한 세상으로 돌아간다네.

2.
뜬금없이 나를 내려놓고
도봉산에 오르면
겨울 적막을 뚫고 찾아오는
빛고을 쑥대머리 같은 봄바람 소리가
충동질하고 있네.
얼음 가슴 속 핏빛 언어들이
칼바위 맞바람에 재채기로 내뱉는
세상 얘기마저도
천길만길 절벽 밑으로 쏟아버려라.
혹 만장봉 저 아래로 떨어져서는
돌이 될까 아우성이 될까~

동동주 사발사발 동동 띄운
봄기운으로 취하는
나는 또
어지러운 이 세상으로 돌아간다네.

관악산

관악은 하얗게 변신 중
연주암에
눈바람이 불어
점심 시주 길에 늘어선
보살님들
덩달아 변신하여
불성을 새록새록 키워서
연주대 위로 오르고
또 올라서
하얀 마음 드리오니
하늘을 감동시킨다.

하산길
너무 미끄러워
혹 그간 쌓아 놓은 불공
도로 아미타불
조심조심
손을 맞붙잡고 내려가는

중생들
세상에 나가서는
제발 불심으로
이웃 향한 맘을
보시해야 할 터인데.

겨울 산행은
길가에
웬 산꽃 피어서
어두운 가슴에
선한 맘을 담아서 내려온다.

우이암*

워매, 저놈 봐라! 대낮 하늘 치마를 걷어붙이고 성난 도리깨질하는 남근바위.

눈발 날리던 춘삼월이라 눈 구경 갔더니 밤새 내린 빗물에 눈은 가뭇없고. 그놈이 떠억하니 발끈한 양기를 뿜어대는 꼴이 아 글쎄 남정네들이 슬금슬금 뒷걸음질 치는데, 희한하게도 폐경기 아줌마들이 침을 질질 흘려댑니다. 게다가 아들 하나 점지해 달라고 넙죽넙죽 절하는 젊은 아낙네의 입가에 묘한 미소가 피어납니다. 어쩌면 산신령도 그 꼴을 보고 질투가 나서 괘씸죄로 여겨 아들은커녕 태기의 꿈일랑 싹 쓸어버릴 만도 한데 젊은 아낙 어여삐 보시고 눈감아 줍디다. 되려 원통사를 만들어 놓고는 '원하는 것은 다 통한다'고 헛소문을 좌악 퍼뜨리고 있습디다.

* 우이암(牛耳岩) : 도봉산 원통사(圓通寺)에서 바라본 우이암(일명 남근바위라고도 함)은 관음보살이 부처님을 향해 기도하는 형상을 하고 있다 하여 관음봉 또는 사마봉으로 불리었다.

아버지는 늘 아버지였다

시동 양반* 위암 수술로
한 4년을 더 살게 해달라고
온 식구 형제 며느리들
그리고 손자·손녀들이
매달려 기도하였는데

그 덕에 한 십여 년을
증기 기관차 몰아오듯 살아왔다.
이씨 문중 마을 장손으로
시제와 벌초를 다 치르고
두마지기 반 논과 꽤 넓은 밭에
청포도와 갖가지 채소를 심고
여름 내내 풀 매고 약 뿌려서
장마에 부러진 고춧대 일으켜 세우듯
여섯 아들 며느리 손주
아이들의 웃음과
생생한 말소리를 키워 냈다.

여섯 애비를 키워 낸
아버지는 늘 아버지였다.

큰아들네는 장로요.
전주 이씨 42대, 완창대군의 장손
날 때부터 장군감인 태웅이와
학을 타고 비상하는 승학이 그리고
딸 귀한 시동댁 첫 여의주인 여주야
이씨 집안에 기둥이렸다!

둘째아들네는 목사요.
하늘의 지혜와 슬기를 달라했더니
슬기와 아람이
할머니의 기도로 혹
이씨 집안을 천하에 드러내어
시동 양반 곱추춤 넘실넘실 추리라!

셋째아들네는 시인이오.

詩 샘이 깊어 물 마르지 않고
찬이 넘쳐 노래 마르지 않는
새미와 찬미가
온 세상에 넘쳐나리라!

넷째아들네는 자동차 공장장이오.
똑똑한 에미 닮은 명수는
명철함이 솟아나듯 장대키가 되고
고고한 기품이 묻어나는
세희야 할머니 웃음소리 들린다!

다섯째아들네는 사업가요.
눈이 커서 아름다운 민진이
늘 울어대도 싫지 않은 민선이
애비를 닮아서 이쁜 민아는
할아버지, 난 공주예요.
서라실 백제 공주예요!

막내아들네는 목사요.
영특하고 깜찍한, 그리고 진실한 진실이
공부 잘하고 운동 잘하는 성결이
아직은 개구쟁이 정결아
할머니 막내 사랑 듬뿍 안고
허리 좀 펴 드려라!

아버진
애비의 늘 아버지였던 것이다.
실의에 빠져 고통스러워할 때
너, 뭐 하고 있느냐!
말은 안 해도
훌쩍 늙어버린 두 눈으로 말씀한다.

재작년 한번 쓰러지더니
거동이 불편한 서울 길에 가져온
봄동 배추,
오늘은

독한 맘 집어넣고 고추 갈아서
매운 봄동 김치를 먹으며
괜한 눈물이 난다.

* 시동 양반은 전주 이씨 41세손으로서 완창대군(파) 20대손이며, 순양군 16대손이고, 선무랑공 12대손이다. 또한 백암선생의 손자이다. 완창대군은 태조 이성계의 백부이며, 순양군은 원래 청주 사람인데 전라병마절도사(1477년)로 배명받고 내려와 복무(강진에 창덕비)를 마쳤으나 벼슬을 버리고, 이곳 화순 곰실마을(도웅리)에 입향(1485년)하여 은거하게 되었다. 그 후손 중 선무랑공의 아들 민신 할아버지(순양군 5대손)가 1620년에 서라마을에 입향하고, 곧 순양군의 후손들이 번창하여 완창대군파의 파종회를 만들고 이끌어가고 있다. 백암(白菴) 선생은 화순 근방에서 꽤 유명한 서당 선생으로서 전주이씨 대동종약원(서울)에서 족보 관련 최초 잡지인 《동광(東光)》을 펴낼 때 편집위원(당시 첨삭위원) 일을 맡아보셨고, 그 제자들이 1966년 오성초교 입구에 경모비(景慕碑)를 세웠다. 이 경모비는 도로 확장공사로 인해 마을 윗쪽으로 이전하였다.

| 해설

추억과 디지털적 인식의 시적 변용

| 해설

추억과 디지털적 인식의 시적 변용

조 명 제(시인, 문학평론가)

1

시인의 후기 「제2시집, 내 인생을 성찰하는 기회가 되었으면 좋겠다」를 읽어 보면, 1988년도에 도서 출판 '글나무'의 오남구 시인을 만나 시 공부를 시작했고, 여러 사업과 직장, 혹은 노동현장에서 죽을 고비를 넘겨 가며 파란 많은 삶을 살았음을 알 수 있다. 그러던 중, 그는 2014년 여름, 절필하다시피한 시 작업을 다시 하게 된 사건을 맞게 되었다. 아파트 주차장 공사 중 6미터 높이에서 추락사할 뻔한 일을 계기로, 시의 스승인 오남구 시인의 탈관념 시론을 떠올리며 시업 재기의 꿈을 키워 나가기로 결심하게 된 것이다.

이종현 시인은 이렇듯, 파란 많은 생의 우여곡절 끝에 두 번째 시집을 출간하게 되었다. 1995년도에 낸 『너릿재의 불놀이』 이후 꼭 30년 만의 일이다. 시인으로서는 감회가 깊을 수밖에 없을 것이다. 강산이 세 번이나 바뀌고 나서야 내는 시집인 만큼 시집에 담고 싶은 작품도 많고, 부가적인 글도 덧붙이고 싶을 터이다. 계획한 시집의 구성을 보면 시편이 제1부에서 무려 제7부까지 분류돼 있다. 실로 오랜만에 내는 시집이라 다소 중후한 책자가 될 것으로 보인다.

시편 구성을 살펴보면, 제1부는 지면 발표작품을 중심으로 고향 유정有情의 추억과 서정적 작품들, 제2부는 탈관념의 교감적 미학, 제3부는 디지털적 인식과 사물의 변주, 제4부는 시국과 정치의 사회학, 제5부는 이라크-걸프전의 비극, 제6부는 고향 화순역 주변의 풍정風情과 사라져 가는 것들, 그리고 제7부는 백제, 동이東夷, 가족과 형제를 주제로 한 시편 등으로 되어 있다. 그러니까 그의 시는 우주적 관점에서부터 고향의 사라져 가는 풍물에 이르기까지 다양하고, 광범한 영역에 걸쳐 수행된 창조적 결실이다.

특히 이종현 시인은 일찍이 탈관념론의 오남구 시인을 만나 시업의 길을 열며, 디지털리즘에서 하이퍼텍스트 시(하이퍼시)에 이르는 첨단의 시 경향을 관통한 바 있다는 사실이다. 30년 만에 출간하는 두 번째 시집이 한층 다양하고 복합적인 것은 그런 사정도 중요한 하나의 요인으로 보인다.

    삐비꽃 언덕의 풋사랑
    얼레 얼레 깽변 뚝길로 바람난

서라실 가시내 서러워서

눈자위 붉은 서쪽 하늘,

불 질러서 하늘은

상구정 풀물 배인 몸을

밤새 태우고…

서울로 돈 벌러 간 서라실 가시내야

너릿재 하늘 휘저어서

옛사랑 되찾으려는 날갯짓

문득

서울 구로공단 꽃밭 나비가

새천년의 가슴을 흔들어 놓는다

―「서라실 가시내」 전문

   고향은 거기서 나고 자란 시인의 고향일 뿐만 아니라, 시인이 쓰는 시의 고향이기도 하다. 이종현 시인의 고향은 전라남도 화순군 화순읍 벽라리碧蘿里 상구정이다. 화순, 벽라리, 상구정은 이종현 시인의 시적 발상의 고향이고 샘터이다. 「서라실 가시내」는 시골을 고향으로 둔 사람들이 겪었던 시대적 풍조를 읊은 것이다. 1960년대에서 1970년대에 걸쳐, 이른바 조국 근대화(산업화)의 변혁에 따라 급격한 이농현상과 동시에 농어촌 청소년들의 대거 탈 고향 현상이 벌어졌다. 청소년들의 탈 고향은 주로 대도시, 특히 서울로 올라와 구로공단 같은 산업현장에 뛰어든 것이 일반적이었다. 빈곤한 농어촌 현실에서 특히 누이들이 상경하여 산업 근로 현장에서 돈을 벌어 고향의 부모님을 돕고, 남동생이나 오라비의 학비를 조달하는 게 예사였다.

   시 「서라실 가시내」는 그와 같은 시대적 현상과 아픔을 대변해 준다. 삐비꽃 피는 언덕에서 해가 지는 줄도 모르고 풀물이 옷에 배도록 놀던 고향 상구정, 삐비 뽑아 씹으며 깽변 둑길을 휘젓고, 빨간 철다리 건너까지 쏘다니다 새벽이슬 맞으며 그득한 자운영꽃 들판을 지나던 풋사랑의 추억이 서럽게 다가오는 것이다. "상구정 풀물 배인 몸을 / 밤새 태우고" 상경해 버린 서라실 가시내에 대한 그리움은 e-mail의 필수 요소(기호)인 @처럼 자운영의 달콤한 추억의 이미지로 남아서 영원히 이어진다. 「자운영 닮은 @」의 "억만년이 흘렀을까, 엔터키로 다시 깨어난 자운영 연붉게 핀 모니터엔 온통 @@@… 매일 우주로 이메일을 수없이 보낸다"라는 표현은 자운영꽃 가득히 피어난 강변 둑길의 사랑과 추억을 우주적 영원성에 잇대어 놓은 것이다.

    자, 클릭하세요!
    디지털 DNA로 모두 재생되는
    새 세상
    어쩌면 56억 년 후에나 올
    미륵일지도 모르겠습니다만
    아들 하나 점지해 달라는데

벽라리민불은 아는 듯 모르는 듯
살포시 웃고만 있습니다.

—「벽라리민불」 후반부

　화순의 벽라리민불民佛은 시인의 고향을 상징하는 유적의 하나이다. 어느 고을이나 그렇듯 그곳을 지키는 석불은 아들 점지를 비는 소원의 대상이 되어 있기 십상이다. 시 텍스트에서 시인은 "새천년 소원을 비는 아낙네의 / 미소가 / 일순간 디지털로 바뀝니다"라고 표명한다. 유년기부터 보아왔던 벽라리민불이 클릭 한 번으로 재현되는 디지털문명 시대에 아들 하나 점지해 달라는 소원에 벽라리민불은 그 모습 그대로 미소만 짓고 있다. 그것은 시대와 문명을 뛰어넘고, 46억 년 지구 나이보다 많은 "어쩌면 56억 년 후에 나 / 올 미륵"의 점지로 이씨 가문의 번창이 약속될 것인가. "디지털 DNA로 모두 재생되는 / 새 세상"에서 시인은 400년 전 벽라리에 입향한 한 분 조상으로 이씨 집성촌을 이룬 고장이지만, 지금은 대다수가 고향을 떠나 결국 잡풀 무성한 무덤만 남을 것 같아 애가 탄다. 그 고향의 전주 이씨 완창대군파(순양군파) 가문이 어떻게 형성되어 번창하여 왔던가. 어느 가문이나 그렇듯 문중의 사람들은 도시로 도시로 흘러가 버리고, 고향은 머지않은 장래에 잡풀만 무성할 것 같은 예감에 '독종'으로 살아온 날들이 생각나는 것이다.

고등학교 등록금을 일 년치나 못내 이불 둘러쓰고 시위하
는 아들놈을 속상해 하여 당신 가슴에 내려찍듯이 방바닥에
곡괭이로 사정없이 찍어버린 아버지의 분노가 눈물에 일렁거
렸다.
그래도 논에 독기 품은 놈들은 멀쩡하게 살아남았다.
—「독종」부분

6.25전쟁 이후 한국은 세계 최빈국이었다. 먹는 끼니보다
굶는 때가 더 많았던 시대, 국제사회의 원조와 구호 물품으
로 간신히 버티며 일어섰다. 농업 진흥이 급선무였고, 그것
이 시급한 민생을 살리는 지름길이었다. 그렇게 일어선 농
업은 벼농사를 중심으로 발전해 갔는데, 1960년대 중후반
부터 농약이 광범하게 사용되어 농업과 식생활에 큰 변화
를 가져 왔다. 시 「독종」의 앞부분은 온갖 물풀과 물벌레와
물고기, 혹은 물총새 황로 백로 등이 공존공생하고 있는 벼
논 들판을 읊으며 "가슴팍 넓은 아버지의 논에 벼들이 여섯
아들 손자손녀들처럼 번창하였다"라고 강조되어 있다.

가문처럼 번창하는 농사에도 가난은 쉬이 해결될 수 있
는 것이 아니었다. 자식들은 초등학교에서 중학교, 고등학
교로의 진학이 어려웠고, 운 좋거나 독종 같은 공부 열망을
가진 아이 중 몇이나 진학을 하던 시절이었다. 화자는 남다
른 열의로 고등학교에 진학은 하였으나, 등록금을 순조로
이 낼 형편이 되지 못해서 쫄리며 애를 태운다. 죄송스럽지

만 막다른 골목에서 염치를 생각할 상황이 아니게 된다. 아버지는 등록금을 무려 1년치나 내지 못하자 이불을 뒤집어쓰고 시위하는 아들을 향해 곡괭이로 방바닥을 사정없이 내리찍으며 역정을 내지만, 아버지의 분노는 등록금을 변변히 대 주지 못하는 당신 자신에 대한 분노이고 미안함이며, 부끄러움인 것은 물론이다.

 부자父子는 그렇게 농약 통을 매고 등짝 쓰리게 농약을 살포하며 농사를 짓고, 독기 품은 잡초처럼 자식을 번창하게 하여 대를 이었다. 그러나 가문의 영광은 옛말이 되고, 가문의 미래는 암담하기만 한 실정이다. 그것은 이종현 시인의 집안만의 문제가 아니고, 한국 가문의 일반적인 현상을 여실히 대변해 준다는 데에 그 시적 의의가 큰 것이다.

2

 생리통의 기인 아픔을 안고 이불 속에서 딸아이는 꿈을 키워낸다. 아아, 내게 미래의 아름다운 사랑이 다가올까 몰라. 아름다운 생각을 키우는 데도 아픔의 피를 흘려야 하는가. 달님은 저리도 밝아서 다들 흠모하고, 밤마다 딸은 제 살점을 다 떼어 결국은 하나도 남기지 않는데.

 열세 살 아름다운 꿈으로
 달님은

생리를 한다.

—「달님, 생리를 하다」 후반부

  시인은 큰딸과 작은딸(「달빛으로 자라는 여자아이」)의 첫 생리에 민감하게 반응하였다. 사실 그렇게 관심갖고, 축하하고, 격려해 주어야 할 인간의 중대한 일인데, 우리의 풍습과 폐쇄적 성교육 때문에 대개의 아버지는 무심하였다. 첫 생리의 딸아이들은 얼마나 놀라고 당황할 것인가. 그렇지만 그것은 여자로서 한 인간이 되는 거룩한 일이다. "만월 / 팽팽한 긴장 / 뚝, 줄이 끊어지는 / 현弦"의 열세 살 첫 생리통은 딸아이의 일만도 아니고 인간만의 일도 아니다. 그것은 자연과 동물 생명체들, 달과 인간과의 생생한 유대관계를 말해 준다. 월경月經, 독일어의 멘스트루아찌온Menstruation(영어의 약자 mens) 그것은 우주, 은하, 태양계에서 달과 인간이 생체적으로 얼마나 긴밀한 관계에 있는지를 증거해 준다. 여자의 달거리 생리현상은 곧 달의 생리현상임을 시인은 "얼비치는 창문 앞 / 달님은 인자하게 / 자신의 아랫배를 쓰다듬고", 월경의 생리통을 안고 "이불 속에서 딸아이는 꿈을 키워 낸다" 같은 표현미학으로 완결한다.

  달의 생리현상-딸아이의 생리현상은 여자아이가 진정한 여자가 됨을 뜻한다. 자식을 낳고 후손을 번창케 할 수 있는 완성체가 되었음을 증명하는 의례이다. 이제 시대는 변했다. 아들 선호 사상도 급감하거나 역전되었다. 친가 쪽의 가문만이 아니라 시가媤家 쪽의 번창이 곧 친가의 번창이고 국가의 번창인 시대가 되었다. 시인은 그 같은 시대의 흐름을 잘 알고 있다.

이종현의 시가 성정性情에 바탕을 두고 있다는 사실은 자연의 생리와 인간의 번창을 바라는 기대감과 무관하지 않다. 견고한 바위틈에 작은 솔씨 하나 떨어져 싹을 틔우는 과정을 탈관념의 감각적이고 섹슈얼한 성적 이미지로 형상해 간 「바위에 부드러운 솔잎 하나」나, 붉은 산꽃 만발한 봄날의 풍경을 객관적 감각으로, 그리고 성충동적 이미지로 풀어낸 「우주가 하혈하는 희한한 풍경」도, 혹은 공항이 가까운 신월동 사람들이 비행기 소음에 시달리어 TV도 온전히 시청할 수 없을 뿐만 아니라, 잠을 이룰 수 없어 밤 작업에 골몰해야 했던 상황을 그려 낸 「신월동 찔레꽃」도 그 좋은 실례에 속한다.

태고의 신비로 자라난 동굴 속의 돌고드름 이미지와 원시인들이 암각화로 남겨 놓은 남근 이미지, 그 음각된 기호가 수천 년을 흘러 채석장에서 홀로그래피로 재생되어, 우후죽순으로 솟아난 현대의 빌딩들로 표상되는 역고드름 이미지를 결속하여 성정의 문명사를 암시해 보인 「역逆고드름」, 동강이나 남대천 등지에서 어름치, 혹은 연어들이 종족 번식을 위해 큰 입을 쫘악 벌리고 오르가슴에 전율하는 수정受精의 양태가 인간의 성적 충동과 종족 번식의 본능과

다름없음을 묘사한 「동강은 흘러야 한다」 같은 작품도 성정의 시학을 드러낸 경우이다.

> 40대의 정욕이
> 팔팔한 들판 언덕은 한바탕 전쟁,
> 단 하루를 살아도
> 꽃들은
> 섹스를 한다.
>
> 소낙비가 내려도
> 생각이 열려 있는 꽃은
> 암꽃 중
> 반쯤은 수꽃으로
> 트랜스젠더로 변신
> 섹스는 즉석에서 벌어진다.
>
> 치열한 몸부림
> 이종섹스에는 아랑곳없고
> 끊임없이 섹스는 벌어져
> 변종되는 일 잦아도
> 종족 보존이 그럴듯한 이유인데
> 오직
> 야한 유전자만 살아남아

더욱 팔팔한 정욕의 기운 솟는다.

—「꽃들의 섹스」 전문

　식물의 성정을 간결하고 선명하게 드러낸 「꽃들의 섹스」는 자연계의 번식 본능 및 생존 논리를 극명하게 보여준다. 이것은 결코 과장이 아니다. 곤충들의 일생을 보여주는 다큐를 통해, 태어나자마자 혹은 환생하자마자 치열하게 투쟁하며 짝을 찾고, 짝짓기부터 하는 꼴을 수없이 보아왔다. 온통 종족 번식을 위해, 어쩌면 섹스를 위해 생겨나는 존재들 같다. '녹색동물'로 표현된 바 있는 식물, 꽃들의 세계도 곤충들의 생태적 섹스 본능과 조금도 다를 바 없음이 확실히 드러났다.

　꽃의 빛깔과 향기(때로 시체 썩는 것 같은 고약한 냄새까지), 모양과 장치물 등 그 수정을 위한 섹스의 전략이 상상키 어려울 정도로 고차원적이었다. 하느님의 위력일지 진화의 신비일지는 모르나 특수한 환경(암수 중 한 종만 있을 경우)에서 꽃이든 물고기든 젠더 변신까지 하여 양성兩性을 형성, 수정하고 번식하는 사실에는 경악을 금할 수 없다. 이종현의 시가 보여주듯, 자연과 인간, 우주와 생명체 사이의 관계는 이처럼 밀접하며, 또 다른 각도에서 인간을 비롯한 생명체와 자연의 관계는 떼어놓고 생각할 수 없다.

　　이제는 아주 쓸모가 없어

당산철교는 해체되고 있습니다.
누가 부실 공사를 했는지도 모른 채
단지 재시공 비용 몇백억이
시민의 혈세로 지불되겠지요.
보수공사를 해봐도
몇 년을 못 견딜 것이라고
과감히 철거합니다.

헌데 나는
갖은 질병과 탐심으로 만신창이가 다 된
나를 마흔이 훨씬 넘도록
수술하지 못하고 있습니다.

―「당산철교·3」 전문

 당산철교는 1994년 10월 한강 성수대교 붕괴 사고 충격의 여파로 해체되었다. 성수대교 붕괴 사고로 정부에서는 전국의 중요한 교량에 대한 안전 점검을 실시한 후에, 부실 판정을 받은 교량들을 철거하였다. 정밀한 안전 점검, 애초의 부실 공사 여부 같은 과정보다는 국민의 불안과 노후 사고 예단으로 당산철교도 해체·철거된 다리 중의 하나이다. 겉으로는 멀쩡해 보이는 철교의 해체는 논란 속에 진행되었지만, 그 사태를 바라보는 시인의 시선은 사뭇 비유적 상황으로 다른 국면을 제시한다.

당산철교가 그렇듯 겉으로는 멀쩡해 보이는 화자는 자신의 신체 곳곳이 부실하고 노후한 철다리 같다고 한다. 시인의 자술에 따르면 거의 성한 곳이 없으며, 뇌, 기억력 퇴화, 수면장애 등으로 자주 다쳐서 상처를 입기도 한다는 것이다. 수술을 해야 할 데도 많고, 수술할 수 없는 질환이 있을 수 있는데도 화자는 "마흔이 훨씬 넘도록" 수술을 하지 못하고 있다는 것이다. 화자는 한마디로 "온갖 질병과 탐심貪心" 때문에 만신창이가 되었다고 말한다.

질병은 파란만장한 삶의 과정에서 얻게 된 정신적·신체적 질환들일 텐데, 주목되는 바는 '탐심'이라는 말이다. 인간은 욕망하는 존재이다. 욕망 그 자체가 나쁜 것도 아니고 질병적인 것도 아니다. 문제는 성경에서도 말했듯이 "욕심이 잉태한즉 죄악을 낳고 죄악이 장성한즉 사망을 낳느니라"(야고보서)라는 데에 있다. 인간의 존재와 문화 발전, 혹은 인류 역사 발전의 원동력이 되는 욕망이 문제라기보다는 그것이 아주 지나친, 절제를 모르는 '탐욕'이 문제인 것이다. 탐욕으로 자기 자신과 가문과 국민을 불행으로 몰아넣은 자들은 따로 있었다. 그들은 자기반성을 모르지만, 먹고 살기 위해 일터에서 작업하다가 과로, 사고, 스트레스, 혹은 사업 실패 등으로 마침내 만신창이가 된 사람들의 욕심을 '탐욕'이라고 할 수는 없다. 어쩌면 시인의 토로는 자신의 몸과 마음을 스스로 돌보지 못한 자책의 언어적 표현이거나 탐욕자들을 향한 양심고백인지도 모른다.

「당산철교·4」는 밤섬 일대의 텃새들이 당산철교와 맺게 된 아이러니한 생존 법칙과 당산철교 철거 이후 결국 삶터를 떠나버린 텃새들의 운명에 대해 우화적寓話的 기법으로 형상한 것이다. 텃새들의 생존 논리와 그 운명이 인간의 운명으로 치환되어 읽히는 것은 시인의 전략적 장치 때문이다. 특이한 상상력으로 상생相生의 극한적 아이러니를 구사한 「상생」을 건너, 성적性的 이미지의 감각적 발동을 보여주는 「노루귀꽃, 우주를 링크하다」를 만나게 된다.

온 사물들이 빅뱅 이전 몸짓 파형으로 얽히고설켜 4차원 네트워크 그물망, 은어가 펄떡거리는데 아니 빛깔 고운 피라미 가래인가, 퍼득퍼득 파동이 이는 우주 공간에 가는 손가락으로 빈쯤 입을 가린 사촌 누님 어릴 적 잃어버린 누님의 꽃신 한 짝 걸려 있네. 어, 이쁜 꽃신 노오란 저고리와 빨간 치마, 한복을 입은 아내가 너무 이뻤다. 밤마다 깨가 쏟아지는 신혼 시절의 사진들로 뒤덮여 팽창하는 우주, 더욱 멀리 멀어져 간다. 드디어 폭발, 모든 소리가 블랙홀로 빨려 들어가는 칠흑 새벽 눈매 고운 달맞이꽃의 시리우스에서 발신된 우주 신호가 잘 잡히질 않아 거시기를 세우려고 애를 쓰는데
─「노루귀꽃, 우주를 링크하다」 부분

이 시의 시작은 "초봄, 유리 벽 욕정을 두드리며 / 평창 가릿골 노루귀 꽃잎 안테나 / 곧추세워 / 우주의 끝을 클릭

하고 있네."라는 것이다. 이 압축적인 표현에서 디지털 시대의 비논리적 무한 상상과 감각적 링크의 파동을 짐작할 수 있다. 이른바 탈관념 시에서 디지털리즘 시로 전개되던 때의 방법적 상상이 작동하고 있는 것이다. 깊은 산속에서 솟아 피어난 노루귀 꽃잎 하나로 육감적인 우주의 발기와 새 생명 탄생의 신비를 그려 낸 것이다. 디지털리즘에서 하이퍼시로 전개되던 시절의 방법적 상상력은 수직적 구조의 시가 아니라, 수평적 구조의 리좀을 바탕으로 한 시를 추구하는 것이다. 링크와 네트워크, 접속과 점핑, 혹은 생각의 가지치기 등으로 기존의 논리성과 선형적 전개 방법, 단시점적 평면적 구조에서 다시점적 입체형 구조로의 전환을 그 특징으로 한다.

일반의 시도 그렇지만, 탈관념의 디지털리즘 시가 가장 적대시하는 것은 고정관념이다. 오남구 시인은 '고정관념의 선두 주자는 하느님'이라고 직격한 바 있다. 진정한 문학과 예술은 언제나 고정관념의 파괴로부터 출발한다. 그러한 인식적 사상을 가진 시인의 작품은 어디로 튈지 모르는 럭비공처럼, 한 꽃에서 어느 꽃으로 점핑해 갈지 모르는 꿀벌의 행방처럼, 어디에서 시작하여 어떻게 끝날지도 모르는 우리들 꿈속의 행로처럼 예측 불허의 자유로움을 지향한다. 「노루귀꽃, 우주를 링크하다」는 그 같은 하이퍼적 시법을 시사示唆하고 있는 작품이다. 꽃잎 하나에서 우주, 천체의 빅뱅과 폭발, 블랙홀로 증폭되고, 생명체의 발기가 새

봄의 에너지로 작동, 현현한다. 디지털 혹은 하이퍼적 상상과 교감交感의 세계는 이번 이종현 시집의 핵심적 가치로 떠오르는 까닭이 거기에 있다.

3

이종현 시집의 제1부는 시인의 여러 시적 경향이나 방법적 형식논리의 표집적 성격의 장이라고 할 수 있다. 「노루귀꽃, 우주를 링크하다」를 선보이면서는 제2부의 연작 「교감交感」과 제3부의 일부를 통해 구축한 디지털리즘적 시 세계를 집중적으로 환기시킨다.

> 구겨버린 이름, 꽃
> 하나의 몸짓 이전 태초부터
> 여태 살아남은 야한 유전자, 꽃을
> 쓰레기통에 버렸다.
> ─「교감·7 -꽃」 제1연

시인은 '꽃'이라는 사물에 대해 현상학적 고뇌와 물음을 거듭해 온 듯하다. 꽃이라는 말을 발음하게 되고, 그 기호로 꽃이라는 사물을 인지하게 되면서부터 잠시도 우리의 머릿속을 떠나지 않는 것이 꽃이다. 자의성恣意性과 사회성을 거쳐 하나의 견고한 개념으로 자리 잡는 언어는 고정관념의 전형典型이 된다. '태초의 말씀'이며 "태초부터 / 여태 살아남은 야한 유전자"인 언어의 꽃을 시인은 부정하고 구겨버려 보지만, 결국 평생을 매달고 살아온 것이다. "구겨버린 이름"의 꽃은 쓰레기통에 버려도 살아나서 그를 괴롭힌 게 분명하다. 그가 사사했다는 오남구 시인의 『꽃의 문답법』을 만나고서 그의 시적 고뇌는 한층 깊어지고, 시법詩法의 물안개가 걷히는 것을 보았음 직하다.

오남구 시인의 시 창작법 '꽃의 문답법'은 시 텍스트 「꽃과 쓰레기」에 명료하게 나타나 있다. 오남구 시인은 시를 공부하려는 초심자에게 먼저 고정관념 깨기부터 가르쳤다. 그에게는 국어사전이 관념투성이이며, 하느님은 고정관념의 대표선수이다. 현대의 문학은 2천여 년을 지배해 온 성서적 표현법에서 벗어나야 한다고 강조해 온 것이다. 탈관념, 디지털리즘과 염사念寫, 접사接寫, 하이퍼시로 숨가빼 펼쳐 보인 그의 방법적 수행은 그 같은 시적 인식의 바탕에서 실천되었던 것이다.

 태초에 양(있음―1)과 음(없음―0)이 하나로 교감하는데 아주 작은 파동이 일어났다.

 ―― ―
 ――― ――― ――― ―――
 ――― ―― ―― ― ――― ―― ――
 01

111 011 101 001
110 010 100 000

시공간 밖에서는
갓난아이가 잼잼하듯 연신 주먹을 쥐었다 폈다.
지금도 파동을 일으켜 보낸다.

―「교감·1 -태초」 전문

　이종현 시의 본령은 우주론적 인식과 문명사적 통찰의 시적 변용에 있다. 「교감·1」은 '태초'라는 부제 아래 음·양, 유·무의 태극사상과 0과 1의 숫자로 해석되는 세계관을 형상한 작품이다. 고대 중국의 경서 『주역周易』의 음양사상과 불교나 도가의 유무사상, 그리고 고대 인도-아라비아숫자 0과 1의 조합으로 설명되는, 의문의 태초 세계를 요약해 보인다. 제2연은 음양의 원리를 바탕으로 자연계와 인간의 변화를 상징하는 괘卦의 기호인 양효陽爻(─)와 음효陰爻(--)를 배열해 놓은 것이다. 이 괘는 8괘에서 64괘로 확대되어 천지만물을 나타낸다. 그렇더라도 태초는 과연 어떻게 창조된 것인지는 명쾌히 알 수 없다. 노자老子의 무시무종론無始無終論도 그렇다.

　인도-아라비아숫자에서 0(zero)의 발견은 태초 세계의 이해에 대한 획기적 전환을 가져 왔다. 5세기경 한 인도인의 착상에서 비롯된 0의 발견은 수학과 인류 문화사를 획기적으로 발전시키게 되었다. 요약컨대, 만물은 수數로 이루어져 있고, 그 기초는 0과 1로 표현할 수 있다는 것이다. 컴퓨터의 근본원리가 이진법이라는 사실에서 알 수 있듯이 현대의 디지털문명은 0과 1이라는 단 두 개의 숫자 위에서 건설되었다. 이처럼 0의 발견은 수학과 세계를 아날로그에서 디지털 세계로 바꾸어 놓은 것이다. 우주의 팽창과 수축, 끊임없는 역동易動의 단순한 기호화가 태초를 온전히 설명할 수 있을지, 그것은 신神의 천지창조론에 대한 의문만큼이나 의심스럽긴 마찬가지다. 그런 까닭에 시인도 그 주석註釋에서 "천지(태초)는 일시무시일―始無始―(하나, 또는 우주의 시작은 시작이 아닌 하나, 또는 우주이다)"이라고 적어 놓았다.

   디지털문명에 편승한 인공지능(AI)의 초고속 발전은 인류 사회에 양면성을 드러냄으로써 가치관의 혼란을 야기하고 있다. 인공지능의 첨단 로봇들이 인간을 대체하여 지치는 법도 없이, 아주 정밀하게 생산 공정을 처리하고, 의술에 동원되어서는 초정밀 수술도 거뜬히 해낸다. 비서 역할, 실연자失戀者 위로, 요리법 설명, 매장 안내, 군사용 정밀 탐지견, 공격 병사 역할 등등 무엇이든 거뜬히 수행한다. 뿐만 아니라 생성형 AI는 불가능할 것으로 여겼던 문학과 예술 작품마저도 창작해 내는 발전 단계에 이르렀다. 작사 작곡은 물론, 주문만 하면 소설이든 시 작품이든 다 써낸다. 때로 어디까지가 AI의 작품이고 인간 작가의 작품인지 경계가 모호하다.

  이종현 시인은 「교감·4 -AI와 문답」에서 이 같은 현상을 여러모로 실험해 보며 그 실상을 형상해 보여준다. 그 가운데는 멀티모달리티AI에게 "여러 주제(생명, 부활, 섹스, 본질, 실상과 허상)로 5편의 하이퍼시로 만들어 주세요!"라고 주문하자, 금세 각각의 주제에 맞는 5편의 시가 생성되었다는 것이다. 하이퍼텍스트 문학은 1980년대 미국에서부터 인터넷 글쓰기의 차원에서 본격 시도된 것인데, 한국에는 1990년대 무렵 소개되기 시작했다. 컴퓨터를 통한 전자상의 작자-독자간 쌍방향 텍스트 문학의 공유와 첨삭 관여 등을 골자로 한 인터넷 소통 방식의 문학이었다. 그러나 그것이 생각보다 실효성이 없고, 문학작품의 질적 지향을 저해하는 요인들이 많이 노출되었다. 한국에서는 이 같은 짐을 타개하여 실효성 있는 하이퍼텍스트 시 운동을 벌이자는 논의가 활발히 일어났다. 그때, 오남구 시인의 디지털리즘 논리에서 하이퍼 논리로의 전환이 추진되었다. 2007년을 전후한 무렵 월간 《시문학》 편집인 문덕수 시인의 지휘 아래 이른바 '종이 하이퍼시' 운동으로 진입하게 된 것이다. 오남구, 김규화, 심상운 시인 등이 초기 실천에 앞서고, 뒤이어 20여 명의 시인들이 참여하여 '한국하이퍼시클럽'을 형성하게 되었다. 동시에 문덕수 시인과 심상운 시인은 이론적 기초를 정리해 갔다.

  오남구 시인과 많은 대화를 하고, 1987년 개인적으로 하이퍼시적 방법론의 시를 쓴 바 있는 필자(조명제)는 참여와 동시에 이론적 문제를 정리하거나 제안하기도 했다. 그중에는 당시 《시문학》지의 한 월평에서 「하이퍼 모더니즘의 시대는 오는가」라는 글을 발표하여, 하이퍼시의 개념을 해명한 바 있다. 그 글의 한 대목을 이종현 시인은 「교감·4」의 주석에 인용해 두었다. "의식과 무의식, 시공을 자유자재로 넘나드는 인간의 뇌 구조의 복잡한 그물망처럼 하이퍼시는 합리주의의 근본인 인과적 논리성이나 순차적 질서, 혹은 위계적 시스템을 벗어나 탈중심의 리좀 형태를 구축하며, 일방향성적 단선 구조에서 쌍방향적 혹은 다방향적 다선 구조의 네트워크를 형성하는 관계론적 체계의 세계라고 할 수 있다."라는 것이 그것이다.

그럴진대, 과연 AI가 하이퍼시를 어떻게 지어냈을까? 이종현 시인은 생성형 AI의 위력이 대단하지만, 아직은 AI의 시가 감칠맛이 없다는 결론을 내리고 있다. 문단에서도 여러 실험을 시도해 본 결과 인간미가 느껴지지 않고, 오묘한 감각의 뉘앙스를 아직은 소화하지 못하고 있다는 게 중론이다. 그러나 우려되는 바는, 앞으로 생성형 AI의 진화는 거듭될 것이고, 지능형 감시감독형 AI의 급성장으로 인간이 AI의 통제를 받고, 조종당하고, 사기당할 날이 머지않았다는 사실이다. AI 윤리법이 국제적 문제로 부상되어 있지만, 실효성 있는 법률이 만들어질 수 있을지는 의문이다.

시인은 킬 스위치를 작동시켜 AI의 작동을 멈추게 하고,

컴퓨터의 일반 프로그램을 재설정하자 첫 화면(UI)에서 어느 산사의 새벽 종소리가 은은하게 퍼져 나가고, 아침고요수목원에서는 우리 꽃 히어리가 피어나 지구의 심장을 두드려 깨우는 생동을 발견한다. 우주와의 참된 교감이 이루어지는 순간인 것이다.

> 몇 억겁 후 2케플러-22b행성에서 온 '외계 지적 생명체(=외손자)'를 만나
> 말을 걸어본다.
> "ㅗ, ㅗㅗㅗㅗㅗㅗㅗ"
> '마치 이 드넓은 우주에서 너를 만난 것이 그저 감동이로다!'라고 한 것처럼
> 외손자는 곧 따라하니
> "오, 오오오오오오오"
> '마치 입 모양으로만 ― 당신이 누군지는 몰라도 기쁘다오!'라고 하는 듯.
> ―「교감·10 ―갓난 외손자와의 대화」 후반부

시인의 우주론적 사유와 상상은 갓난 생명체에 대한 관심으로도 드러난다. 이 시의 전반부는 세종대왕의 『훈민정음』 창제의 원리를 해명하는 내용으로 돼 있다. 세계에서 가장 철학적이고 과학적인 글자인 훈민정음은 허다한 전쟁과 수난사에 의해 그 창제 원리의 기록을 알지 못한 채 오

랜 세월을 지나왔다. 온갖 구구한 억측이 나돌다가 1940년 안동의 반가班家 이한걸 씨 집에서 『훈민정음 해례본』이 발견됨으로써 모든 의문과 억측은 사라지고, 天地人 三才를 상징한 '·ㅡㅣ'와 그 음양의 결합으로 모음을 만들고, '木 火 土 金 水' 오행五行의 상생의 원리에 따라 '牙 舌 脣 齒 喉'의 오음五音을 발음 구조와 입의 모양 등을 본떠서 기본 자음으로 만들고, 기타 자음을 확대 생산하였다. 우주론적 상상력과 음양철학, 중국의 운학韻學, 인간의 발성 구조를 형상하여 제작한 훈민정음은 우주 공간 어디에서 점지되어 갓 태어난 아기의 운명과도 직결되어 있다는 것이 시인의 생각이다. 외계의 지적 생명체로 "ㅗ, ㅗㅗㅗㅗㅗㅗㅗ"의 발신과 "오, 오오오오오오오"의 응답으로 교감하는 감동을 맛본다. 그렇게 입 모양으로 오물거리던 외손자는 너덧 살부터 한글을 읽고 쓰며, 곧장 한자漢字도 읽고 쓴다고 한다. 시인은 중국의 한자는 우리 동이족이 만든 갑골문자에서 발전한 문자라는 설을 따르고 있으니, 우리의 우주관과 문자철학은 경탄할 만한 것이다.

집안에서 새 아기의 탄생 순간, 그 아기는 그냥 산모의 뱃속에서 임신되어 태어난 것이 아니라는 직감을 갖게 된다. 저 우주, 하늘 그 어느 주관자의 운명적 점지에 의해 생명이 주어지고, 사람의 몸을 빌려 탄생하는 것이라는 본능적 느낌이 있다. 시인은 「교감·15 -하영이의 손끝, 소통」에서 외손녀 하영이의 탄생과 성장을 지켜보는 동안 그 놀라운 우주적 감각을 실감한다. 신기하게도 디지털 시대에 태어난 아기들이 기어다닐 단계에서 TV 리모컨에 악착하고, 스마트 폰에 빠져드는 걸 보면 우주, 만물, 자연, 자연의 법칙이 갓난아기의 모체라는 생각을 지울 수 없다. 디지털 베이비들의 전자기기에 대한 천부적 감각과 작동 능력을 설명할 길이 없다. 이 시대의 하영이들은 검지 손끝 하나로 온갖 버튼을 눌러 세상과 소통하는 것일까. 영상, 소리, 엘리베이터 층 이동, 동영상 따라 궁뎅이 춤도 추는 어린 외손녀, "외손녀가 좀 커서 / 달을 보고 / "엄마, / 나를 자꾸 따라와."/ 가리킨 손가락 끝은/ 달 너머 세상을 내다보고" 있는 것이 아닐까 하는 생각이 들게 한다.

　이종현 시인은 「교감」의 연작에서 참 많은 경험과 상상적 세계를 의욕적으로 형상해 놓고 있다. 그의 주류적 상상과 인식의 방법론을 독자들은 진지하게 받아들이게 될 것이다.

4

　이종현 시인은 정치적 상황과 시국의 문제, 사회적 참사 등에도 폭넓은 관심과 열성을 기울여 체계적인 시 작품으로 정리하여 놓았다. 비록 지금 시집으로 묶여져 나오지만, 이른바 최순실 국정농단이라는 별칭으로 전개됐던 박근혜 대통령 탄핵 촛불혁명의 전후 상황을 시로 표명한 것이 그 하나이다. 그다음이 미군의 장갑차에 깔려 죽은, 당시 중학생이던 효선 양과 미선 양의 사건을 두고 광화문 광장에 촛불을 켜 들고 시위하였던 시국적 상황이나, 대구 지하철 참사로 130여 명이 희생된 재난에 또 촛불을 들고 시위, 추모하였던 상황을 형상한 것 등이다. 그리고, 성폭행에다 죽임까지 당한 꽃다운 나이의 청춘을 위로한 작품, 재개발과 철거민 사태, 중국의 동북공정 등 외세에 의한 역사 위기, 외국 노동자들의 대거 유입으로 순수 혈통의 위기를 진한 풍자적 언어로 형상한 작품 등이 그에 보태어진다. 그 가운데 5.18광주민주화운동의 진실과 기림의 정신을 환기한 「오월 데몬스트레이션」이 포함되어 있다.

> 많은 세월이 흘러서
> 망각의 오월
> 깨닫게 하는 건 바람이었을까요.
>
> 바람이 불어야
> 문득
> 데몬스트레이션이 생각난 듯
> 어깨동무하고
> 이리 쏠리고 저리 쏠려서
> 넘어졌다가
> 다시 일어나서는
> 또 넘어지려고

대기 중인 논보릿대

오월 데몬스트레이션은
그냥 바람 부는 대로입니다.
─「오월 데몬스트레이션」 후반부

  시인은 광주 5.18을 잊고 그걸 넘어서야 한다는 논리에 거부 반응을 일으키며, 그 기림의 공연을 매년 이어가야 한다는 신념을 강조한다. 그것을 위해 시인은 문화 프로젝트를 벌여야 한다는 의지를 밝히고 있다. 그는 사실 시집과는 별도로 '새 문화프로젝트, 빛고을 광주'를 구성하여 만반의 준비를 해 놓고 있다.

  이종현 시인의 관심이 뻗어 가는 데는 시공이 따로 없다. 그는 시집의 제5부를 2003년 시작된 미국의 이라크 침략을 주제로 다루었다. 2001년 9월 11일, 빈 라덴 일파의 여객기 납치 뉴욕 세계무역센터(쌍둥이 빌딩) 자살 폭파 테러에 분노한 미국(조지 워커 부시 대통령)은 빈 라덴의 배후인 이라크가 대량살상 무기를 숨기고 있다는 명분을 내세우며 침공의 이유를 구체화하였다. 역사상 최악의 자존심을 구긴 미국은 동맹국들의 파병을 독촉하며 전면전을 펼쳤다. 행방이 묘연한 사담 후세인의 결사항전 지령에, 이른바 걸프전은 최첨단 무기의 실험장이 되었다. 토마호크 미사일의 발사로 이라크의 밤하늘은 불바다가 되었고, 전쟁의 실상은 전 세계로 생중계되는 것 같은 사태가 전개되었다. 비극적 전쟁이 마치 전자 게임 놀이하는 것처럼 여겨진 것이었다.

    이라크의 여자아이
    눈동자 까아만
    바그다드로 향하는
    토마호크 미사일이 불 밝혀
    눈 부릅뜨고 있다.

    밝은 대낮
    온통 난리다 아이들이 클로즈업되는
    피난 행렬은 신문마다 제1면을
    떠억 차지하고
    뉴스는 종일 똑같은 말로 브리핑하는데
    잔뜩 눈을 부릅뜨고
    내심 전쟁이라도 확 터져 버려라고
    동조하는 듯
    여의도 왕벚꽃 눈망울
                    —「이라크 여자아이, 눈을 부릅뜨고」 전반부

  방송의 전파는 까만 이라크 여자아이의 큰 눈과 토마호크 미사일이 오버랩되면서 시작된 전쟁을 전했다. 피아彼我

를 떠나서 전쟁은 가장 비극적인 것인데, 첨단무기의 현대전은 그 파괴력을 가늠할 수조차 없다. 시인은 이라크 전쟁의 한편에는 여의도의 벚꽃놀이 인파가 붐비는 장면을 대비함으로써 전쟁의 비극성을 고조시킨다. 하얀 옷을 입은 바그다드의 여자아이가 핏빛 물이 들어 죽어 가고(「저렇게 작은 꽃이 불을 밝힐 줄이야」), 남편을 기다리는 만삭의 여인이 신음하며 포연 가득한 밤을 견디는(「예언」) 이라크 전쟁은 국제사회의 반전 운동과 파병 반대 시위를 불러오기도 하였다. 시인은 그 같은 시국적 상황을 함께 다루며 사담 후세인이 처단된 이후 반후세인 민심의 발로를 짚어 내기도 한다. 유전油田마다 불을 지르며 항전했던 후세인의 이라크는 패망하여 피폐해지고 말았으며, 참혹했던 걸프전은 미국의 승리로 끝났다.

  이라크 전쟁은 현대전의 총체적 양상이 극명하게 드러난 전쟁이었다. 우주의 한 지점인 지구촌에서 벌어진 참혹한 전쟁을 연작 스타일의 시로 형상한 작업은 역사에 값하는 시적 응전이라고 할 것이다.

5

  그 옛날
  멀구슬나무 덩그러니
  역 광장에

구슬치기하는 아이들

연탄 가루 손등 시커멓도록 해 질 녘

올 사람도 없는 화순역 대합실 기웃거리다가

기적소리 울려난 빨간 철다리 지나오면

내리는 사람들

아, 다 사라졌네.

—「화순역」 부분

  시인은 시집의 후반에서 다시 고향 화순의 풍물과, 사라져 가는 것들, 그리고 잊지 못할 추억의 순간들을 그리움의 언어로 형상한다. 지구촌 어디에서든 전쟁 없는 날이 없고, 비인간적 억압 사태가 그칠 날이 없는 환멸의 세상에서 우리를 평안으로 이끄는 것은 고향과 고향에 새겨져 있는 추억의 그림들이다.

  시골 고향의 기차역과 기차는 꿈과 기다림, 그리고 그리움의 대상이다. 기적소리에 꿈을 싣고 먼 먼 서울로 가는 상상에 부풀어 있기도 하고, 알지 못할 누군가가 기차를 타고 와 기쁜 소식을 전해 줄 것만 같은 기차역이었다. 시인은 어느 날 밤 기차를 타고 상경하여 파란 많은 삶을 살면서 40여 년 만에 복사꽃 피는 봄날 고향 마을의 뒷동산에 올라 화순역을 내려다보고 있다. 기차를 타고 훌쩍 서울로 가고만 싶어 떠났었는데, 초로에 고향을 찾아 쓸쓸한 화순역을 바라보는 감회가 실로 착잡할 것이다.

그 옛날 구슬치기를 하거나 머리를 때리며 놀았던 열매의 멀구슬나무는 사라지고, 역사驛舍 주변의 정겹던 빵집과 상회, 노점, 꼬마 점빵들도 사라지고 없어졌다. 장난치며 이따금 기웃거려 보던 역 대합실은 오가는 사람 보이지 않고 적막하기만 하다. 사람들은 도시로 떠나거나 세월 따라 이승을 떠나버려 마냥 그리움만 사무쳐 올 뿐이다. 정월 대보름 무렵에는 이웃 마을 사내들과 머리 터지게 돌싸움을 하고(「정월 대보름, 배바우 돌싸움」), 여름이면 깨벗고 물놀이 하다가 토마토밭 포도밭 서리를 하다 들켜 혼비백산 도망치고, 더러는 붙잡혀 파출소에 끌려가 혼쭐난 객미산 아이들은 다 떠나고 추억으로만 남았다(「객미산 아이들」).

친구들과 온갖 놀이를 같이하고, 상수리나무의 풍뎅이를 잡아 모가지를 비틀어 땅바닥에 눕혀 놓고 마당 쓸어라며 짓궂은 놀이를 하던 '정그남 터'도 다 옛이야기가 되고 말았다. 그 밖에도 수많은 추억의 고향 이야기는 소중한 기억으로 남아 오늘을 살게 한다. 다시 못 올 어린 날의 고향 풍정과 추억들이 기억으로 남아 있지 않다면, 노년에 무슨 힘으로 살아갈 것인가. 그래서 추억은 한낱 지나가 버린 허상에 불과한 것이 아니라, 내 돌아가야 할 마음의 향리이며, 노년을 살아낼 힘인 것이다.

파란 많은 인생의 뒤안길에서 시를 만나고, 인식의 혁명을 강조한 탈관념의 하이퍼시에 동참하며 방법적 형상력과 우주론적 상상력을 펼쳐 왔던 이종현 시인은 정치의 사회학적 국면과 전쟁 문제, 불합리한 사회현실에 대해서도 깊은 시적 성찰을 보여준다. 고향 화순읍 상구정의 유년기 추억과 꿈의 이정里程, 화순역을 비롯한 고향 화순의 사라져 가는 풍물과 쓸쓸한 풍경, 추억으로만 아로새겨진 기억들을 시로 조형造型하며, 소중한 마음의 자산으로 삼고 있다.

  이씨 집성촌인 서라실 상구정과, 가문의 위축을 우려하며 자손 번창을 염원하는 그의 정신에는 우주의 한 지점인 고향 화순이 추억의 힘을 넘어 시대의 변천에 따른 문화적 성숙으로 거듭나기를 바라는, 애틋한 소망이 담겨 있다. 지역 소멸, 고향 상실의 시대에 이종현 시인의 시적 소망은 고향을 가진 모든 이의 바람일 수밖에 없다.

| 후기

제2시집, 내 인생을 성찰하는 기회가 되었으면 좋겠다

1995년도 문예진흥기금으로 첫 시집을 상재하고 나서 30년도 더 지난 지금에야 시집을 내고자 하니 좀 망설여진다. 하지만 최근 10여 동안 문학 활동이나 집필을 거의 하지 않은 상태에서 새삼 시집을 내고자 함이 조금이나마 내 인생을 성찰하는 기회가 되었으면 하는 마음으로 준비한다.

잠시 내 과거를 말씀드리고자 한다.
1988년도 어느 잡지사에서 고(故) 남구 오진현 선생님(편집부장으로 부임)을 만나 시공부를 시작하고 '시인의 집' 동인 활동을 하게 되었다. 1995년도 첫 시집(『너릿재의 불놀이』-사임당)을 내었을 때, 많은 기대를 했다. 첫 시집 해설 및 텍스트가 『꽃의 문답법』(오진현 1999)에 '탈관념 문학선언-관념이동'으로 실리게 되었다. 주위에서 다들 부러워했다. 그리고 1996년에는 《문예한국》 '문예한국상(3회) 우수상'을 수상하였다.

또한 1999년 "새천년맞이 시와 함께하는 문화비젼21"에서는 첫 시집 표제시 「너릿재의 불놀이」 중 1번을 '너릿재 이야기(작곡-정태봉 서울대 교수)'로 제목 변경, 가곡으로 작곡하여 세종문화회관 대강당에서 초연하여 호평을 받았다. 물론 이 문화 행사를 김종천 선생이 주관(총기획 및 감독)할 때 내가 서포트하여 행사 팜플릿과 시화집을 제작 진행하기도 하였다. 《월간문학》과 여러 문예지(《시향》, 《크리스챤문학》, 《광주문학》 등)에 작품을 발표하며 열심히 시 작업을 하였으나 운영하던 기획사무실이 점차 어려워져 갔다.

결국 2003년도 사업 부도로 졸지에 신용불량자가 되었다. 고향 친구 도움으로 대부분 빚 청산도 하게 되었고, 또 중개사학원 등록을 시켜줘 공인중개사 시험을 갑자기 준비했는데 합격(2003년)마저 돼서 컨설팅회사에 근무하게 되었으나, 2008년경 회사의 부도로 휴직자가 되었을 뿐 아니라 송사에 휘말리게 되었다. 그리고 개인 부동산중개업을 동업으로 시작하였으나 동업자 간 불미스런 일로 또 송사에 휘말리게 되어 두 번의 송사에 몸과 마음이 지쳤고, 또한 가정생활은 엉망이 되었다. 인생이 마치 새옹지마(塞翁之馬) 그대로였다. 물론 문학 활동은 10여 년간 전혀 하지 못했다.

그러던 중 가족을 부양하기 위해 청소업 대행사에서 잡부인생(용역)이 시작되었고, 급기야 건축 현장(일명 노가대)

에 목수로 지방을 떠돌며 한 3년 동안 노동일을 하게 되었다.

그런데 2014년 여름, 일하는 아파트 건축현장에서 옛꿈을 발견하게 된 사건이 있었다. 바로 거의 절필하다시피 멈춰버린 시(詩) 작업을 다시 해야겠다고 다짐한 일이다.

아파트 주차장 공사를 할 때이다. 약 6m 높이에서 슬라브 받침대 작업을 하던 중 건너편으로 가야 하는데 돌아갈 수는 없고, 약 1m 가량 건너뛰면 될 만한 자리가 있어서 그냥 휙 하고 뛰었다. 순간 밟는 자리(이음연결 고정처리가 안 돼서)가 약간 뒤로 처지면서 중심을 잃어 6m 아래로 추락할 뻔했다. 안전고리도 없이 건너편으로 뛰었다가 약간 뒤로 밀리는 순간 식겁했다. 떨어지면 곧 죽음이다.

그날 숙소에 누워 이런 생각 저런 생각에 잠을 실쳤다. 당시 고(故) 오남구 선생님의 4주기(천안함 사건 직전)를 지난 지 얼마 안 되었을 무렵, 즉 늦봄에서야 선생님이 돌아가신 것을 알았다. 내가 부동산 공부한다고 학원을 다닐 때, 남구 선생님이 전화를 걸어서 하시던 말씀이 생각났다. "에이 이젠 자네, 시 쓰기는 틀렸구먼…" 물론 그 말씀대로 그 뒤로 '시 쓰는 일'에서 완전히 멀어져 버렸다.

헌데 아무 의미 없이 죽는다는 게 너무 비참하고 서글펐다. 당시 4주기가 지나도록 남구 선생님이 돌아가신 것도 모르고 살아온 내가 떳떳하게 그 봉분이라도 끌어안고 통곡이라도 실컷 하려면 이래선 안 되겠다고 다짐하게 되었다. 내가 남구 선생님의 발끝 한 부분도 다가갈 수 없지만 '탈관념'에 관한 말씀들이 되살아나고 있었다. 많은 업적을 남기고 돌아가신 서울 을지로의 흔적이, 아니 남구 선생님의 가위가 웃자란 내 쓸데없는 생각들을 깔끔하게 정리해 주려는 듯 가위질이 시작되었다.

한편 2003년 《월간문학》 10월호에 실린 내 시 「우주가 하혈하는 희한한 풍경」이 11월호에 이달의 시평 「디지털 시대의 시」(심상운)에 실려서 다시 한번 읽게 되었다.* '디지털리즘의 시운동(오진현)'이 관심의 대상이 된다며 탈관념과 디지털시의 새 사조의 태동을 예고한다는 평이었다.

물론 당시 나는 그 디지털리즘의 시운동에 합류하지 못했다. 그럼에도 불구하고 남구 선생의 말씀들이 살아서 꽃이 된 것으로 나는 전혀 그렇게 의도한 바는 아니었다. 그래도 심상운 선생님은 그런 부류의 흐름과 같이 봐 주셨고, 또

---

* 심상운 선생이 말하기를 "이종현 시인의 '우주가 하혈하는 희한한 풍경'은 감각적이고 우주적인 발상의 이미지가 순간적인 언어의 자극을 통해 독자의 시선을 끌어당기고 있다. 봄에 산에서 꽃이 피는 평범한 사실을 '느닷없이 / 우주를 푹 찔러버린 / 산꽃 꽃봉오리 // 그때 봄은 미친 듯이 / 발악하여 / 악! 비명을 질러댄다 / 단단한 우주 공간 속을 / 푹 찔러 / 하혈하는 희한한 풍경'이라고 새로운 시각으로 포착하여 고정관념을 깨뜨리고 있기 때문이다. 표현 기법도 관념적이고 서정적인 기술에서 벗어난 영상적인 언어가 사진을 찍은 듯이 보여주고 있는데, 이러한 기법이 앞에서 말한 디지털 시대의 시의 기법과 상통하고 있다. 특히 이 시속에는 시인의 어떤 관념도 들어 있지 않아서 독자들을 자유롭게 한다. 이것이 이 시의 언어 감각을 더욱 생생하게 만드는 요소가 되고 있다."라고 하였다.

"고정관념을 깨뜨리고… 영상적인 언어가 사진을 찍은 듯이 보여주고 있다"고 평하였다.

그동안 남구 선생님은 다각적인 탈관념 운동(디지털詩, 하이퍼詩 등)을 해오셨다. 당연히 많은 발전을 이루었다고 본다. 그 자취는 후학과 시인들에게 많은 영향을 끼치리라고 보고 나는 그 뒤를 멀리서나마 따라갈까 한다. 따라서 이번 시집 발간 계기로 좀 뒤처졌지만 21세기를 살아가는 시인으로서 터닝포인트(성찰의 기회)가 되었으면 한다.

60이 넘어서고 70이 가까우니 그저 살아 있는 게 부끄러울 뿐이다. 휙 지나가 버린 세월 동안 한 게 없고, 시 생산도 게을렀으니 더더구나 무슨 철학도 없는 시 생산을 두고 못마땅하였다. 그야말로 무슨 의미가 있었겠는가. 심지어 아내는 "잘 보지 않는 책을 내본들 무슨 의미가 있어요?"라고 한다.

하지만 제2시집 『교감』은 오래전부터 공감대 형성(소통)을 위한 일련의 행위(?)로 당시(2000년대 초) 유행하던 카페방에 시작품을 올리며 평가받고 교감을 해 왔었다. 다음카페, 초등학교 총동창회와 기수 동창회카페, '그림있는 공간' 카페, '사단법인놀이하는사람들' 카페, '설악을 그대품에' 카페, '우리노래 펼침이' 카페, '고양들메길' 카페 등 여러 카페방에 작품을 올리며 공감대를 만들어 왔었다. 특히 다음카페 '좋은 글'에도 글을 많이 올렸는데 어떤 아마추어 시인(?)인 여약사(평창 가릿골)와의 작품 공유로 인연을 이어 오랫동안 이메일로 작품을 서로 소개하였다. 그분은 내게 당시 첫 시집을 내느라 다 소진(?)해 버린 감성을 다시 살려내어 작품을 생산하게 되는 조력자가 되었던 것이다.

교감은 그래서 작품을 생산하며 독자들과 피드백(평가와 격려)을 공유하는 형태로 발전되었다. 물론 독자들이 직접 참여(시 중간 부분에 직접 글을 기록하거나 댓글을 다는)하는 실험적인 시도로 몇 작품을 게재한다. 어쨌든 최근에는 교감에 관한 테마로 작품에 전념하였고, 그런 관심으로 디지털 시대를 살아가는 우리들에게 아날로그적인 감성으로 몸짓해 본 게 '교감'의 제목을 공유하는 근본 이유였던 것이다.

여하튼 여러 교감의 방식을 통해 세상을 보는 눈을 갖게 한다면 최고의 기쁨일 것이다. 물론 '독자와의 소통이 나의 완성이고, 시집의 완성이다'라고 말하고 싶다.

사족으로 한 가지 꿈이 더 있다. 첫 시집 『너릿재의 불놀이』는 광주 5.18 민중항쟁을 다룬 것으로 '불놀이'는 '쥐불놀이'이며, 이는 '화염병 돌리기'의 관념이동(『꽃의 문답법』-오남구 선생 시론집의 小 주제)이었던 것이다. 광주 지역 신문과 첫 시집 발간 인터뷰(1996년)에서 차후 이애주 교수(살풀이춤 중요문화재 보유자)와 함께 살풀이 춤판을 벌여 보겠다고 약속한 게 있었다. 2002월드컵 후 월드컵 4강 달성 일주년 기념 공연으로 박범훈 국악작곡가 겸 지휘자(전 중앙대 총장 및 청와대 교육문화수석)와 의기투합하여 시가무악(詩歌舞樂)곡 〈빛고을 광주〉를 기획하여 연주하려고 시도했지만 예산 확보가 어려워 무기한으로 미뤄지고 말았다. 추후 박범훈 작곡자도 차기 정권 때 구속되어 더더욱 진행이 불가하였다.

  5월이 오면 광주에 많은 추모행사들이 펼쳐지고 있으나 문화 프로젝트 차원에서 길이 공연되어질 연주곡이 없는 게 항상 아쉬웠다. 시가무악이란 바로 시(詩)를 가지고 시 낭송, 그리고 노래와 춤과 기악곡을 작곡하여 공연(약 2시간 반)하는 문화 프로젝트이다. 꿈과 계획을 세운 지 벌써 30여 년이 흘렀지만 이번 계기가 이를 다시 한번 보완하고 준비하여 시를 중심으로 한 문화 프로젝트(2030년-50주년 기념)를 공연할 수 있는 발판이 되었으면 한다. 30년이 넘도록 평생 소원이 되었는데, 과연 실행될지 모르겠다. 시가무악곡 〈빛고을 광주〉 자료가 필요하신 분은 필자에게 연락을 바란다.

  끝으로 문단에 큰 산이신 이근배 선생님(대한민국예술원 회장 역임)께서 졸작의 시들을 과찬으로 평가해 서문을 써 주시니 감사할 따름이다. 또한 시인이자 평론가인 조명제 선생님이 부족한 내 시편들을 잘 분석하여 디지털시와 하이퍼시로서 일부(?) 인정해 주셔서 감사드리고, 글나무출판사 오혜정 사장님(시인, 오남구 선생님 둘째 딸)은 교정과 함께 불필요한 글자락을 과감히 재단하여 완성도 높은 작품으로 만들어 주셔 진심으로 감사드린다. 그리고 표지

컷 작품을 기증해 준 이애숙 선생님(도예가, 서각가)에게 다시 한번 감사드리며, 백마고지 전투에서 살아남은 아버지가 여생을 힘들게 살아가신 것을 지켜본 김기억(동생 종오 친구)씨에게도 여러 자료를 제공하여 도와주시니 감사드린다.